U0453367

中社智库 地方智库报告
Local Think Tank

山东省政务公开发展水平研究
（2020）

戚元华　周鸣乐　李　刚　李　敏
著

中国社会科学出版社

图书在版编目(CIP)数据

山东省政务公开发展水平研究.2020／戚元华等著.—北京：中国社会科学出版社，2021.8

（地方智库报告）

ISBN 978-7-5203-8856-6

Ⅰ.①山… Ⅱ.①戚… Ⅲ.①地方政府—行政管理—研究报告—山东—2020 Ⅳ.①D625.52

中国版本图书馆 CIP 数据核字（2021）第 162271 号

出 版 人	赵剑英
责任编辑	马 明
责任校对	任晓晓
责任印制	王 超

出　版	中国社会科学出版社
社　址	北京鼓楼西大街甲 158 号
邮　编	100720
网　址	http：//www.csspw.cn
发 行 部	010-84083685
门 市 部	010-84029450
经　销	新华书店及其他书店
印　刷	北京明恒达印务有限公司
装　订	廊坊市广阳区广增装订厂
版　次	2021 年 8 月第 1 版
印　次	2021 年 8 月第 1 次印刷
开　本	787×1092　1/16
印　张	16
字　数	142 千字
定　价	86.00 元

凡购买中国社会科学出版社图书，如有质量问题请与本社营销中心联系调换

电话：010-84083683

版权所有　侵权必究

《山东省政务公开发展水平研究（2020）》项目组

项目组负责人：

戚元华　齐鲁工业大学（山东省科学院）工程师
周鸣乐　齐鲁工业大学（山东省科学院）副教授
李　刚　齐鲁工业大学（山东省科学院）教授
李　敏　齐鲁工业大学（山东省科学院）副教授

项目组成员：（按姓氏笔画排序）

丁西凯　王　玉　王　昊　王　凯　王　然
王小斐　王明杰　王春景　田　青　田德允
史生祥　冯正乾　曲娜娜　任国珺　刘　明
刘一鸣　刘苏磊　刘淑宽　孙启龙　孙金洋
芦先友　李　旺　李　敏　李玉梅　李晓慧
谷训刚　宋朝阳　张传超　张雨萌　陈效林
周煜坤　郑成鹏　侯惠林　贺　宇　秦　韬
高　鹏　唐庆国　姬明曦　黄小慧　曹生利
葛宝财　葛清周　韩德隆　解宏泽

前 言

政务公开是推动政府职能转变、使政府管理服务更加透明规范的有效手段。要坚持以公开为常态、不公开为例外，以制度安排把政务公开贯穿政务运行全过程，全面推进决策、执行、管理、服务、结果公开，以公开促落实、促规范、促服务。

2020年是全面建成小康社会和"十三五"规划收官之年，也是山东省新旧动能转换"三年初见成效"之年，在省委经济工作会议上，省委将2020年定为"重点工作攻坚年"，同时也是山东省全面推进政务公开工作的关键一年。山东省委、省政府高度重视政务公开工作，把政务公开部署纳入《政府工作报告》，加大了工作推进力度。2020年，山东省聚焦八大发展战略、重点任务攻坚年、优化营商环境、疫情防控、"六稳"、"六保"等重点任务，认真贯彻落实国家和省关于政务公开决策部署，围绕推进国家治理体系和治理能力现代化，积极主动作为，勇于探索创新，推动政务公开工作不断迈上新台阶、取得新成效，走在了全国前列。

2020年，为深入贯彻党的十九大和十九届二中、三中、四中、五中全会精神，认真落实《中华人民共和国政府信息公开条例》《关于全面推进政务公开工作的意见》和《2020年政务公开工作要点》（国办发〔2020〕17号）部署，进一步推进政务公开工作，提升政府透明度，齐鲁工业大学（山东省科学院）政务公开评估工作组（以下简称"评估工作组"）对40家省直部门、单位，16家市政府和136家县（市、区）政府2020年的政务公开工作进行了评估，并针对当前存在的问题，提出了改进建议。

2020年是评估工作组连续第六年在全省开展政务公开第三方评估工作。六年以来，山东省各级各部门政务公开工作均取得了较大进步，政务公开重视程度显著提高，公开体制机制日益健全，主动公开力度不断加大，公开的深度和广度稳步拓展，公开平台不断丰富和完善，政策发布解读回应水平明显提升，基层政务公开标准化、规范化工作快速推进，在全省范围内营造了良好的"政务公开"氛围。

本书共分为两篇：上篇为总报告，主要是评估概况、总体评估结果与分析、各指标评估结果分析和深化政务公开工作的建议四章内容；下篇为专题报告，主要围绕政府信息公开平台建设规范性、基层政务公开标准化规范化、依申请公开与互动交流等专题内容开展的相关专项评估和总结。

摘要： 为进一步推进政务公开工作，提升政府透明度，评估工作组围绕行政权力运行公开、重点领域信息公开、依申请公开、政策解读与回应关切、政务公开保障机制五个方面，对山东省40家省直部门、单位，16家市政府和136家县（市、区）政府的政务公开工作进行了评估，分析了全省政务公开工作进展情况，并针对当前存在的问题提出了改进建议。评估发现，全省统筹推进力度加大、制度体系日趋完备，公众参与逐步常态化、行政决策程序更加科学，标准引领的作用凸显、重点领域信息公开的广度和深度稳步拓展，申请渠道基本畅通、答复程序和内容逐步规范，政策解读形式不断丰富、更加注重解读内容的全面性，基层政务公开工作全面推进、标准目录编制基本完成，政府信息公开平台建设稳步推进、重点政府信息管理进一步强化。但同时也存在着一些问题，如"应试"倾向、"竞争趋同"现象仍然存在，重大行政决策程序有待进一步完善优化，部分重点领域信息公开仍有改进空间，依申请公开规范性仍有待提升，政策解读范围有待明确，公开平台有待统一规范。下一步要抓好基础工作、加大政府信息主动公开力度，固化经验做法、打造山东政务公开特色品牌，强化标准意识、健全基层政务公开标准体系，注重实质解读、提升政策发布解读回应水平，坚持绩效并重、优化评估考核工作方式方法。

关键词：政务公开；山东省；第三方评估

目 录

上篇 总报告

第一章 评估概况 …………………………………… (3)
    第一节 评估工作 …………………………………… (3)
    第二节 评估指标 …………………………………… (11)

第二章 总体评估结果与分析 ………………………… (14)
    第一节 总体评估结果 ……………………………… (14)
    第二节 总体评估结果分析 ………………………… (27)

第三章 各指标评估结果分析 ………………………… (40)
    第一节 行政权力运行公开 ………………………… (40)
    第二节 重点领域信息公开 ………………………… (58)
    第三节 依申请公开 ………………………………… (72)
    第四节 政策解读与回应关切 ……………………… (78)
    第五节 政务公开保障机制 ………………………… (84)

第四章 深化政务公开工作的建议 …………… (97)
第一节 抓好基础工作，加大政府信息主动公开力度 …………… (97)
第二节 固化经验做法，打造山东政务公开特色品牌 …………… (98)
第三节 强化标准意识，健全基层政务公开标准体系 …………… (99)
第四节 注重实质解读，提升政策发布解读回应水平 …………… (100)
第五节 坚持绩效并重，优化评估考核工作方式方法 …………… (101)

下篇 专题报告

第五章 山东省各级政府信息公开平台规范性评估报告 …………… (105)
第一节 "政务公开"与"政府信息公开"栏目的关系 …………… (106)
第二节 政府信息公开目录系统和法定主动公开内容栏目的关系 …………… (109)
第三节 评估工作与评估指标 …………… (113)
第四节 评估结果与分析 …………… (129)
第五节 下一步改进建议 …………… (149)

第六章 山东省全面推进基层政务公开标准化规范化研究报告 （153）

第一节 有关概念的辨析 （155）

第二节 国务院各部门基层政务公开标准指引 （161）

第三节 各市基层政务公开标准化规范化工作推进情况 （164）

第四节 基层政务公开事项标准目录编制情况 （168）

第五节 基层政务公开事项标准目录编制存在的主要问题 （173）

第六节 推进基层政务公开标准化规范化工作的建议 （177）

第七章 山东省依申请公开与互动交流专项评估报告 （181）

第一节 山东省依申请公开与互动交流工作现状 （182）

第二节 依申请公开评估情况 （190）

第三节 政府网站互动交流评估情况 （198）

第四节 存在的主要问题 （204）

第五节 下一步改进工作的建议 （208）

附录一　山东省政务公开发展水平研究（2020）
　　　　评估对象 …………………………………（211）

附录二　山东省政务公开发展水平研究（2020）
　　　　指标体系 …………………………………（221）

参考文献 ……………………………………………（240）

后　记 ………………………………………………（242）

上 篇

总 报 告

第一章 评估概况

第一节 评估工作

一 评估依据

本次评估的依据主要包括但不限于以下内容。

· 《中华人民共和国政府信息公开条例》（2007年4月5日中华人民共和国国务院令第492号公布 2019年4月3日中华人民共和国国务院令第711号修订）（以下简称《条例》）

· 《重大行政决策程序暂行条例》（中华人民共和国国务院令第713号）

· 《国务院办公厅关于进一步加强政府信息公开 回应社会关切 提升政府公信力的意见》（国办发〔2013〕100号）

· 《关于全面推进政务公开工作的意见》（中办发〔2016〕8号）（以下简称《意见》）

- 《国务院办公厅印发〈关于全面推进政务公开工作的意见〉实施细则的通知》(国办发〔2016〕80号)(以下简称《实施细则》)
- 《国务院办公厅关于在政务公开工作中进一步做好政务舆情回应的通知》(国办发〔2016〕61号)
- 《国务院关于加快推进"互联网+政务服务"工作的指导意见》(国发〔2016〕55号)
- 《国务院办公厅关于印发政府网站发展指引的通知》(国办发〔2017〕47号)(以下简称《指引》)
- 《国务院办公厅关于印发2020年政务公开工作要点的通知》(国办发〔2020〕17号)
- 《国务院办公厅关于推进重大建设项目批准和实施领域政府信息公开的意见》(国办发〔2017〕94号)
- 《国务院办公厅关于推进公共资源配置领域政府信息公开的意见》(国办发〔2017〕97号)
- 《国务院办公厅关于推进社会公益事业建设领域政府信息公开的意见》(国办发〔2018〕10号)
- 《国务院办公厅关于推进政务新媒体健康有序发展的意见》(国办发〔2018〕123号)
- 《国务院办公厅关于做好政府公报工作的通知》(国办发〔2018〕22号)
- 《国务院办公厅秘书局关于印发政府网站与政

务新媒体检查指标、监管工作年度考核指标的通知》

·《国务院办公厅关于聚焦企业关切 进一步推动优化营商环境政策落实的通知》（国办发〔2018〕104号）

·《省委办公厅 省政府办公厅印发〈关于全面推进政务公开工作的实施意见〉的通知》（鲁办发〔2016〕43号）

·《山东省人民政府办公厅关于印发2020年山东省政务公开工作要点的通知》（鲁政办字〔2020〕78号）（以下简称《要点》）

·《山东省人民政府办公厅关于做好人大代表建议和政协提案办理结果公开工作的通知》（鲁政办字〔2016〕63号）

·《山东省人民政府办公厅关于推进全省政务新媒体健康有序发展的通知》（鲁政办字〔2019〕43号）

·《山东省人民政府关于持续深入优化营商环境的实施意见》（鲁政字〔2020〕67号）

·《山东省人民政府办公厅印发关于持续深入优化营商环境的实施意见配套措施的通知》（鲁政办字〔2020〕61号）

·《山东省人民政府办公厅关于全面推进基层政务公开标准化规范化工作的实施意见》（鲁政办发

〔2020〕11号）

·《山东省重大行政决策程序规定》（省政府令第336号）

·2020年全省政务公开工作部署要求

二 评估对象

本次评估对象为40家省直部门、单位（包括组成部门、直属特设机构、直属机构和部门管理机构），16家市政府和136家县（市、区）政府。

三 评估原则

本次评估工作坚持公平公正、客观量化、注重实效、促进工作的原则。

（一）公平公正

统一评估内容、评估标准，公正、客观地进行评估，面向公众，公开评估过程和评估结果。

（二）客观量化

科学制定评估办法和评估内容，合理设定评估指标和分值，采用定量和定性相结合的方法，制定量化的具体标准，客观公正地进行评价，确保评估结果真实可靠。

（三）注重实效

严格按照评估标准和要求实施评估，严格评估纪律，规范评估程序，简化评估流程，提高评估实效。

（四）促进工作

评估本着鼓励先进、激发干劲的目的，最大限度地调动各级各部门工作积极性、主动性和创造性，促进全省政务公开工作向纵深发展。

四 评估方法

针对本次评估指标和评估内容，采用主观体验评价与客观质量评估相结合、人工评分与机器评分相结合的方法。以第三方的身份，从公众的视角，通过客观采集评估对象政府网站数据、主观评价用户体验度、开展依申请公开与互动交流的模拟暗访等方式，2020年又新增设了双向互评的打分方式，对各级各部门政务公开工作情况进行评估，总结工作中取得的成绩，并分析当前存在的主要问题。

（一）主观体验评价与客观质量评估相结合方法

对于本次评估工作，采用了主观体验评价与客观质量评估相结合的方法。依照评估指标体系，对于指标体系中能够量化的指标，通过专业评估工具或人工进行政府网站数据的采集。对于政府网站栏目建设情况、信息查找便利性、用户体验等方面，采取客观数据辅以主观评价的方法进行评分，确保评估工作公正、科学、合理。

(二) 人工评分与机器评分相结合方法

对于本次评估工作，采取人工评分与机器评分相结合的方法。对于可量化或可通过专业评估工具进行采集的数据，使用专业评估工具进行采集；对于无法量化或通过工具无法采集的数据，采用人工评分的方式，并将所有采集数据录入具有自主知识产权的采集评估系统进行统计分析。

(三) 评估打分与双向互评相结合方法

重点领域信息具有较强的领域性和专业性，且涉及面广、社会关注度高，推进重点领域信息公开也一直是政务公开的重点和难点之一。从以往权责清单、财政预决算等领域信息公开工作的推进经验来看，自上而下的纵向推动是行之有效的方法之一。

为加强省直部门、单位对各市政府重点领域信息公开的指导和监督，同时也有助于各市政府了解省级层面对重点领域信息公开的具体要求，2020年第三方评估工作拟增加重点领域信息公开双向互评，并按一定比例纳入评估总成绩。

省财政厅、省发展改革委、省民政厅、省医保局、省人力资源和社会保障厅、省教育厅、省生态环境厅、省住房和城乡建设厅、省卫生健康委、省国资委、省市场监管局、省应急厅等省直有关部门、单位对16家市政府财政信息、重大建设项目和公共资源配置、社会救助、社会福利、医保和医疗救助、社会保险、职业教育和民办教育、环境保护、饮水安全、医疗卫生、国资国企、市场监管、应急管理等重点领域信息公开情况进行评估打分。

16家市政府分别对省财政厅、省发展改革委、省民政厅、省医保局、省人力资源和社会保障厅、省教育厅、省生态环境厅、省住房和城乡建设厅、省卫生健康委、省国资委、省市场监管局、省应急厅等省直有关部门、单位重点领域信息公开情况进行打分。

（四）模拟暗访评估方法

对于依申请公开、互动交流回应等评估指标内容，除了常规评估手段外，还采取了模拟暗访的方式进行评估，即通过以公众身份实际提交申请，评估相关部门的答复、回应情况，对应评估指标体系，进行评估。

（五）同一指标平行测试评估

每一轮评估中每个评估对象的每项指标由同一个人全部完成，并在同一个时间段内完成数据的采集工作，确保每个评估对象每项指标的评测标准和评分尺度、评测时间相同，从而确保每个评估对象的指标评估标准一致。

（六）专家咨询

在评估过程中，为提高评估的质量，规范评估程序，对指标项中比较重要的指标项或存在疑惑的指标项，评估工作组向专家顾问组进行了咨询，由专家顾问组提出科学的咨询评估意见或建议，评估人员根据专家顾问组的意见或建议进行有效评估。

（七）数据质量核查

在政务公开数据采集之后，按照严格的标准对采集的多组数据质量进行核查。一查数据采集源，确保数据采集来源全面统一；二查数据格式，确保从各单位采集的数据格式正确，以符合评估标准；三查数据质量，确保采集的数据准确可靠。

（八）工作组统一评估标准

在评估工作进行之前，对评估工作组内部进行培训。培训内容涉及政务公开评估指标体系、评估方式、评估标准等内容。通过系统的培训学习，评估工作组人员对评估指标项有更清晰的理解，从而形成统一的评估标准，确保评估结果的客观公正。

五　评估时间

本次评估的时间为2020年7月1日至2021年2月28日，集中数据采集时间为2021年1月4日至2021年2月28日，政府信息公开平台规范性提前至2020年7月至10月，依申请公开和互动交流的暗访分别于2020年8月至12月陆续发出，基层政务公开标准化规范化和具体各项指标的评估时间如表1-1所示。

表 1-1　　　　　　　　各项指标的评估时间

评估指标	7月	8月	9月	10月	11月	12月	1月	2月
政府信息公开平台规范性	■	■	■					
依申请公开暗访		■	■	■	■	■		
网站互动交流暗访		■	■	■	■	■		
基层政务公开标准化规范化							■	■
其他指标							■	

第二节　评估指标

2020年评估工作延续了指标体系的征求意见环节，以求指标体系设计的合理性和公平性。截至2020年11月16日，共收到16家市政府提出的意见24条，经过专家咨询、专题讨论等形式认真研究分析后，采纳了16条，未采纳7条，部分采纳1条，并逐一对相应的市政府进行了反馈和理由说明；共收到40家省直部门、单位提出的意见39条，采纳了31条，未采纳8条，并逐一对相应的省直部门、单位进行了反馈和理由说明。

一　指标体系

评估指标采用五级树形结构，包括五个一级指标："行政权力运行公开""重点领域信息公开""依申请公开""政策解读与回应关切"和"政务公开保障机制",指标权重情况如图1-1所示。

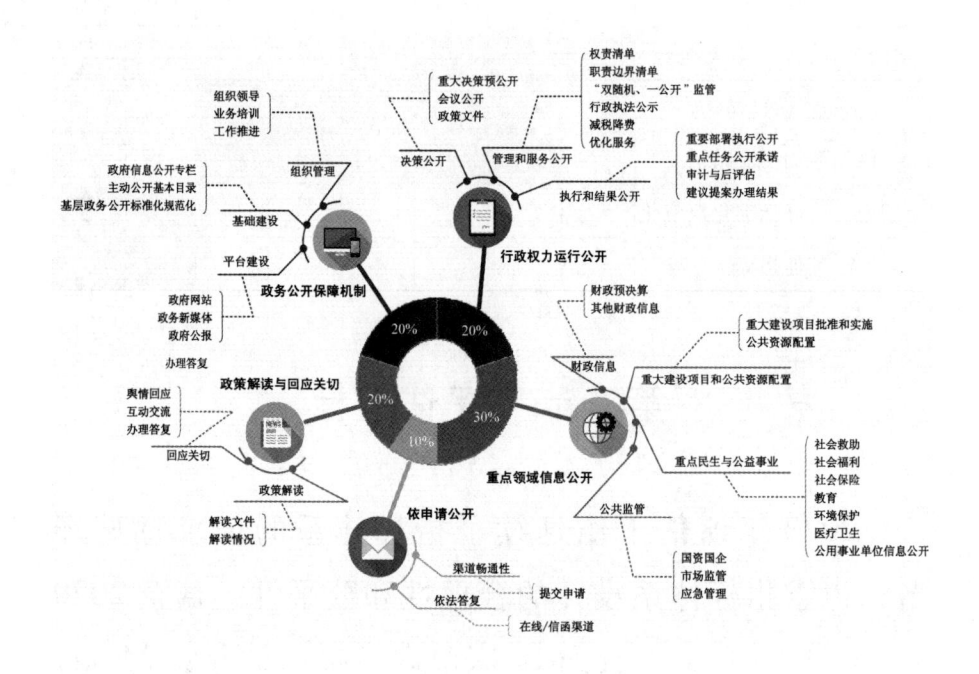

图1-1 评估指标体系结构图

二 计分方法

(一)省直部门、单位

由于省直部门、单位所属行业和职能范围不同,除了有针对性地制定评估指标及开展评估工作外,在计分方法上也要更加公平、公正。省直部门、单位评估指标分共性指标和专项指标,共性指标为所有部门、单位的基础性工作;专项指标为某个或几个部门、单位(省直部门、单位多为牵头单位)特有的工作任务,按项设置专项分数,各部门、单位不等。

有专项指标的部门、单位所得总分数，按本部门、单位评估指标总分值折合为百分制分数排名。例如，某部门、单位专项指标总分为15分，得分为8分；共性指标总分为80分，得分为70分，最终得分为：［（8＋70）／（15＋80）］×100＝82.11分。

（二）市政府

市政府评估方面，市政府评估最终得分由市本级政府得分和所辖县（市、区）政府平均得分组成。本次评估每个市所辖所有县（市、区）政府的平均得分占总得分的30%，市本级政府得分占总得分的70%。

例如，某市政府本级政府得分85分，所辖各县（市、区）政府平均得分76分，最终得分为85×70%＋76×30%＝82.3分。

（三）县（市、区）政府

县（市、区）政府的总得分按照实际得分计分，满分100分。

第二章 总体评估结果与分析

第一节 总体评估结果

一 省直部门、单位

本次对于省直部门、单位的评估,指标体系继续沿用"共性指标"和"专项指标"的模式。在专项指标的设置上,进一步参考了各部门、单位发布的年度政务公开工作实施方案或工作措施,更加具有针对性,力求最大限度反映各部门、单位的政务公开工作情况。从评估结果来看,省直部门、单位表现出如下特征。

(一)高度重视政务公开工作,整体水平持续向好

省直部门、单位近五年政务公开第三方评估得分分布情况如图2-1所示。

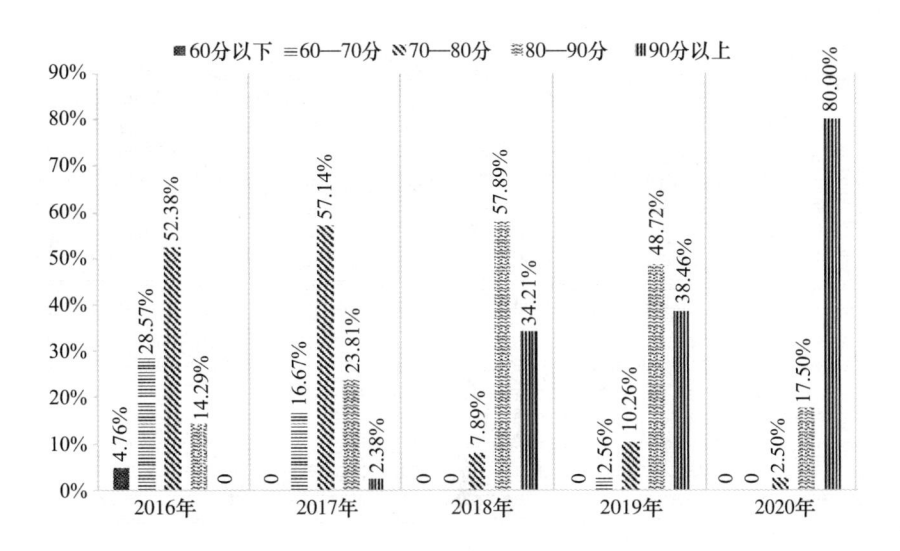

图 2-1 省直部门、单位近五年评估得分分布情况

2020年以来，随着政务公开工作连续纳入省直机关绩效考核，省直各部门、单位高度重视政务公开工作，不断加大主动公开力度，整体水平提升较为明显。评估结果显示，省直部门、单位平均得分93.5482分，比去年提升了将近6.5分。其中，97.5%的省直部门、单位得分超过了80分，45%的省直部门、单位得分高于95分，高分比例达到了历年之最。

（二）共性指标平均得分指数首次超过专项指标，基础工作提升较为明显

省直部门、单位共性指标和专项指标平均得分指数（得分指数是指某项指标的评估得分值与该项指标满分值的比值，以小数表示或者换算成百分比）近五年的对比情况如图2-2所示。

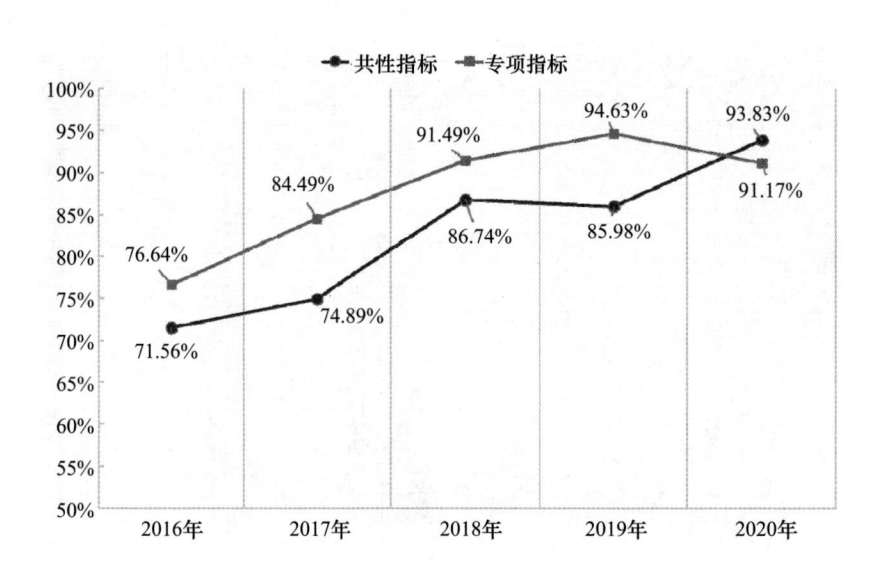

图2-2 省直部门、单位共性指标和专项指标得分指数年度对比情况

从历年评估结果看，省直各部门、单位高度重视本系统、本行业的重点信息公开工作，专项指标平均得分指数一直高于共性指标。本次评估共性指标平均得分指数首次超过了专项指标，高达93.83%，比去年提升了7.85个百分点。说明省直各部门、单位年内逐步建立健全政务公开体制机制，不断加大基础信息公开推进力度，着力推进本部门办文办会公开，规范依申请公开答复，加强政务公开平台建设，取得了良好的成效。

2020年的评估指标根据省直各部门、单位的重点工作和履职情况，新增了部分重点领域信息公开指标，而且评估标准相较于去年，又有了很大提高，所以专项指标平均得分指数相较于去年，虽然略有下降，但仍保持了较高的水平。

二 市政府

本次对市政府的评估,继续将各市所辖全部县(市、区)政府平均得分以30%的比例计入个市政府总分。评估结果显示,市政府政务公开工作水平仍然保持了较高的水平,各市政府一级指标平均得分和得分指数情况如图2-3所示。

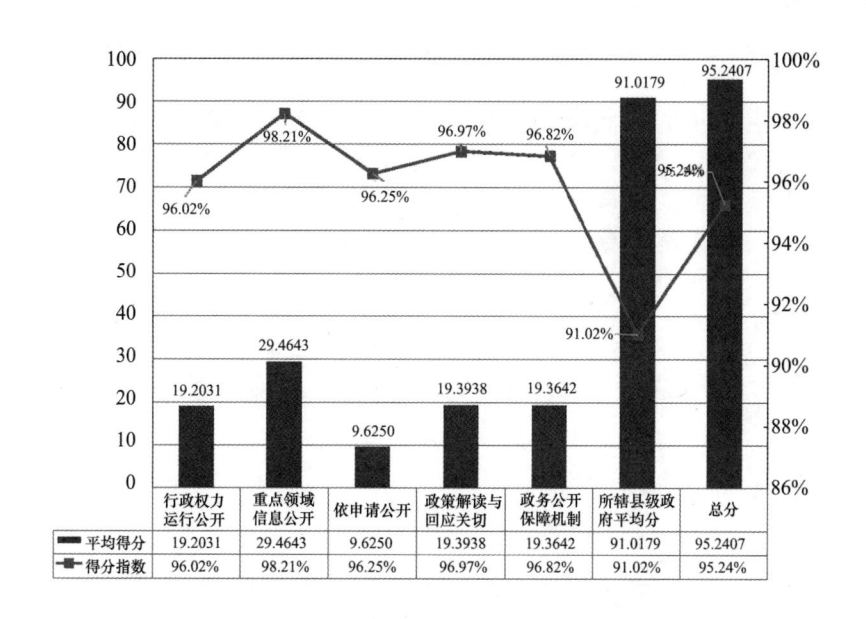

	行政权力运行公开	重点领域信息公开	依申请公开	政策解读与回应关切	政务公开保障机制	所辖县级政府平均分	总分
平均得分	19.2031	29.4643	9.6250	19.3938	19.3642	91.0179	95.2407
得分指数	96.02%	98.21%	96.25%	96.97%	96.82%	91.02%	95.24%

图2-3 市政府一级指标平均得分和得分指数情况

(一)市政府政务公开工作仍然保持高水平发展,但与省直部门、单位和县(市、区)政府的差距逐渐缩小

评估结果显示,各市政府政务公开第三方评估平均

得分高达 95.2407 分，连续第六年稳步提升。由图 2-4 可知，近五年来，各市政府平均得分始终领先于省直部门、单位和县（市、区）政府，保持着高水平的发展。随着各市政府对所辖县（市、区）政府的指导监督力度加大，县（市、区）政府的平均得分近年来提升较快，逐步缩小了与市政府的差距。省直部门、单位也积极借鉴市政府在重点领域信息公开方面好的做法和经验，近几年也有较大的提升。总体上看，市政府政务公开工作仍然保持高水平发展，与省直部门、单位和县（市、区）政府的差距逐渐缩小。

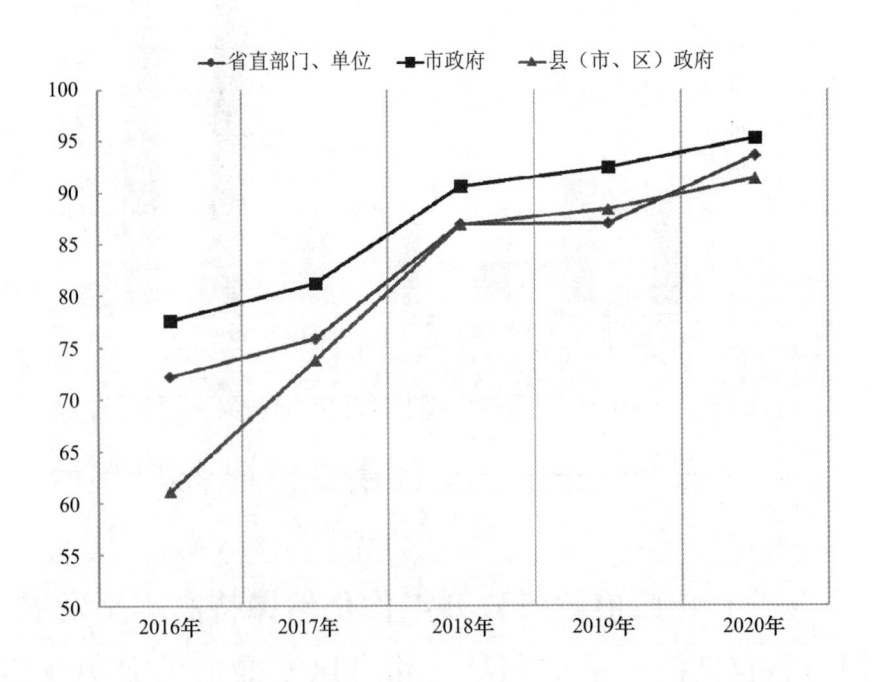

图 2-4 近五年省直部门、单位，市政府和县（市、区）政府评估平均得分

(二) 政务公开为各市实现经济社会发展目标任务提供支撑

市场经济的本质特征要求行政行为具有公开性，政策稳定、政务公开是现代国家社会经济发展的重要环境。

"十三五"以来，省委、省政府高度重视区域协调发展，将其作为八大发展战略之一，构建了"一群两心三圈"的区域发展总体格局，省会、胶东、鲁南三大经济圈（省会经济圈包括济南市、淄博市、泰安市、东营市、滨州市、德州市和聊城市；胶东经济圈包括青岛市、烟台市、潍坊市、威海市和日照市；鲁南经济圈包括临沂市、枣庄市、济宁市和菏泽市）融合发展、一体发展势头良好，优势互补、高质量发展的区域经济布局加快形成，政策稳定、政务公开也成了各区域社会经济发展的重要环境。

由图2-5可知，本次评估结果显示，胶东经济圈平均得分为96.0040分，省会经济圈平均得分为95.2681分，鲁南经济圈平均得分为93.9420分。一方面，各市均将推进政务公开、提高政策透明度作为提升治理体系和治理能力现代化、优化营商环境的重要举措，三大经济圈的政务公开平均得分较去年均有较大提升；另一方面，随着三大经济圈融合发展、一体发展，虽然胶东经济圈政务公开整体水平领跑于省会经济圈和鲁南经济圈，但相互之间的差距在逐渐缩小，各市政务公开工作也形成了"比学赶超、互学互鉴"的良好氛围。

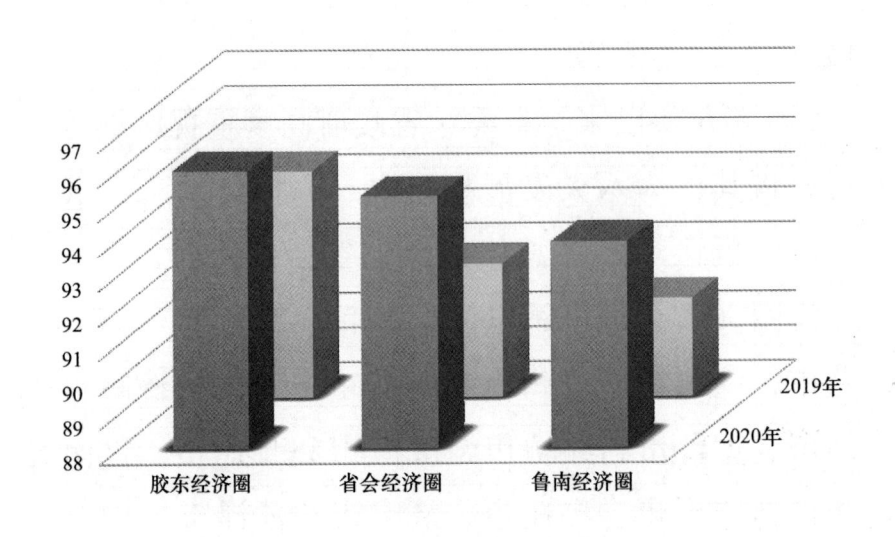

图 2-5　省会、胶东、鲁南三大经济圈平均得分情况

（三）市政府所有指标均有明显提升

市政府近两年各一级指标和所辖县（市、区）政府平均得分情况如图 2-6 所示。

从各一级指标的得分指数来看，2020 年市政府各项指标平均得分指数均超过了 90%，且与 2019 年相比，各指标均有较大幅度提升。特别是行政权力运行公开指标平均得分指数提高了 5.22 个百分点，重点领域信息公开指标平均得分指数也提高了 2.47 个百分点，依申请公开、政策解读与回应关切、政务公开保障机制等指标平均得分指数也在去年的基础上略有提升，保持了96%以上的平均得分指数。

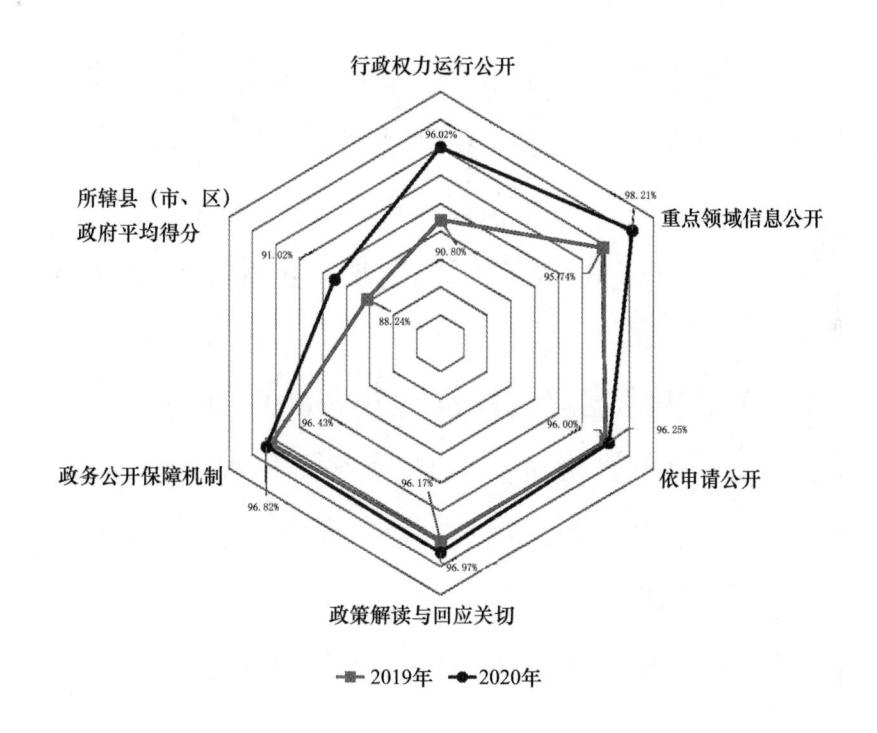

图 2-6　市政府近两年各一级指标平均得分指数情况

三　县（市、区）政府

从2017年开始，根据国务院办公厅基层政务公开标准化规范化试点政策，选取省内30个试点县，在全国率先自主开展了25个领域的试点工作，通过抓好目录制定、流程优化、标准编制三个环节，总结出一批可复制、可考核、可推广的基层政务公开的"山东标准",为全面推进基层政务公开标准化规范化工作打下了坚实基础。2020年,山东省政府办公厅印发《关于全面推进基层政务公开标准化规范化工作的实施意见》,对编制标准目录、完善工作流程、推进平台建设等重点任务进行了明确部署。2020年是山东省政务公开第三方评估工作连续第四年将全省所有县(市、区)政府全部纳入评估范围。

(一)"市域高标准统筹推进、县域高水平均衡发展"的态势明显

2020年基层政府在标准化规范化的加持下,随着各市高标准的统筹推进,基层政务公开水平快速提升,整体呈现出了"市域高标准统筹推进、县域高水平均衡发展"的态势。

评估结果显示,2020年,20.59%的县(市、区)政府政务公开第三方评估得分超过95分,69.85%的县(市、区)政府得分高于90分。各县(市、区)政府相互之间的差距逐渐缩小,不同市所辖县(市、区)政府之间的差距也在逐渐缩小,表明各县(市、区)政府均高度重视政务公开工作,政务公开水平又迈上了新的台阶,取得了突破性的进展。

(二)基础建设和保障机制对基层政府政务公开水平起决定作用

本次评估指标体系中,行政权力运行公开指标主

要是对各评估对象推进决策、执行、管理、服务、结果"五公开"的基础工作情况，政务公开保障机制主要是评估各级各部门机制体制、平台建设、工作推进等监督保障机制建设情况。

图2-7给出了各一级指标相互之间的相关系数，图2-7中圆形面积越大，代表两者之间的关联性越强。由此可看出，行政权力运行公开、政务公开保障机制与其他指标之间的关联性均较强，这说明只有不断健全政务公开工作体制机制，完善政务公开平台，才能使政务公开和政务服务更加规范、公开、公正、公平，才能更好地适应经济社会的发展，最大限度地满足人民群众的需求，树立起关注民生、保障民生的政府新形象。

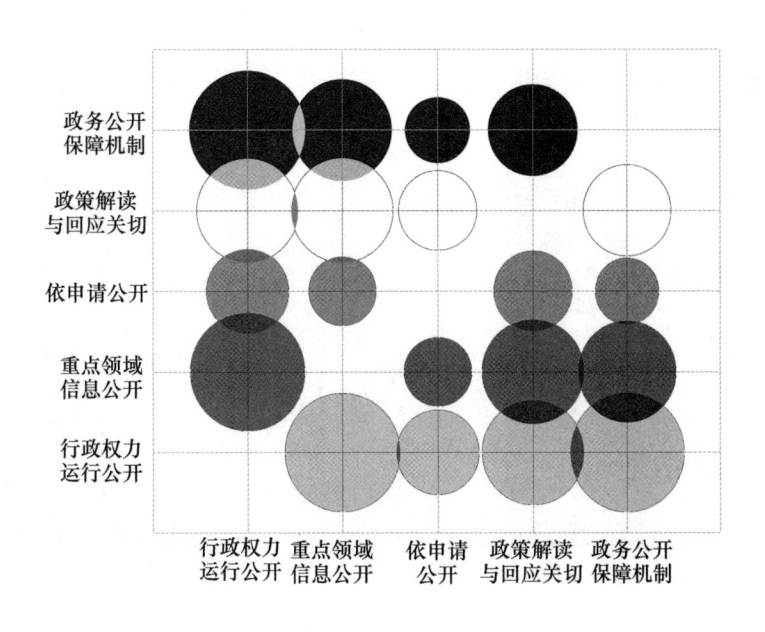

图2-7 县（市、区）政府各一级指标的关联性分析

（三）县级市政府、县政府和市辖区政府政务公开水平存在一定差异

本次评估县级市政府、县政府和市辖区政府平均得分情况如图2-8所示。从图2-8中可看出，县级市政府政务公开水平优于县政府和市辖区政府，县政府次之，市辖区政府平均得分较低。说明县级市政府由于规模较大，政府信息数量也较大，在政府信息的整合与发布上，相对较为重视，整体成绩较为突出。市辖区政府部分领域政府信息的整合和发布，需要依赖于所属市政府的统一部署和管理，如征地信息、环境空气质量、水环境质量等，相对来说，协调难度更大一些。

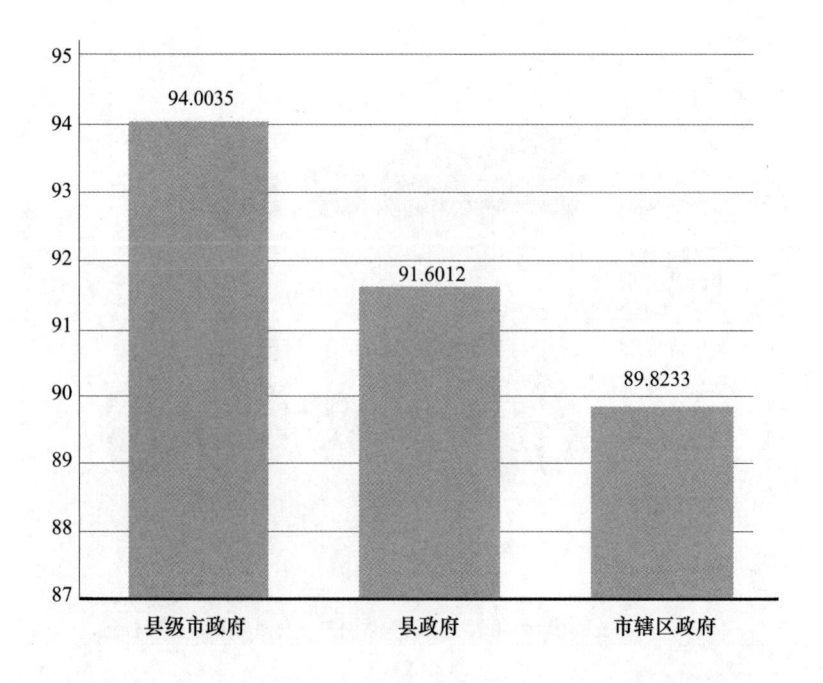

图2-8 县级市政府、县政府和市辖区政府平均得分情况

（四）市域内各基层政府差距仍然存在，依申请公开工作有待统筹推进

各市所辖县（市、区）政府得分分差（本市最高分与最低分之差）和各一级指标得分指数差情况分别如图2-9和图2-10所示。条形图表示该市所辖县（市、区）政府中最高得分与最低得分的差值，条形图越长，代表该市的两极分化现象越严重；直线表示所有县（市、区）政府的平均得分。

从所属市域来看，如图2-9所示，潍坊、威海、淄博等市所辖县（市、区）政府得分较为平均；青岛、潍坊等市所辖县（市、区）政府基本均超过了平均分；济南、滨州、烟台、临沂、菏泽等市由于所辖县（市、区）政府数量较多，统筹协调较为困难，得分极不均衡，出现了不同程度的两极分化现象；淄博、日照、菏泽等市所辖县（市、区）政府得分均低于所有县（市、区）政府的平均分，整体成绩有待进一步提升。

从一级指标得分情况来看，如图2-10所示，行政权力运行公开、依申请公开和政策解读与回应关切方面，出现了不同程度的两极分化现象，表明部分县（市、区）政府在依申请公开和解读回应工作方面，重视程度和协调力度不一。重点领域信息公开和政务公开保障机制方面，各县（市、区）政府的差距逐渐缩小，表明本年度各县（市、区）政府以推进基层政

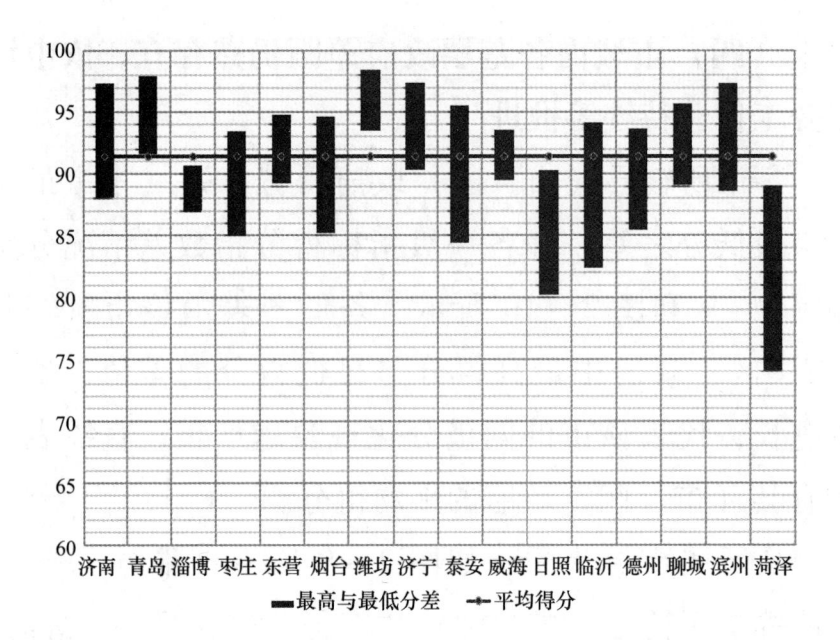

图2-9 各市所辖县（市、区）政府得分分差（本市最高分与最低分之差）

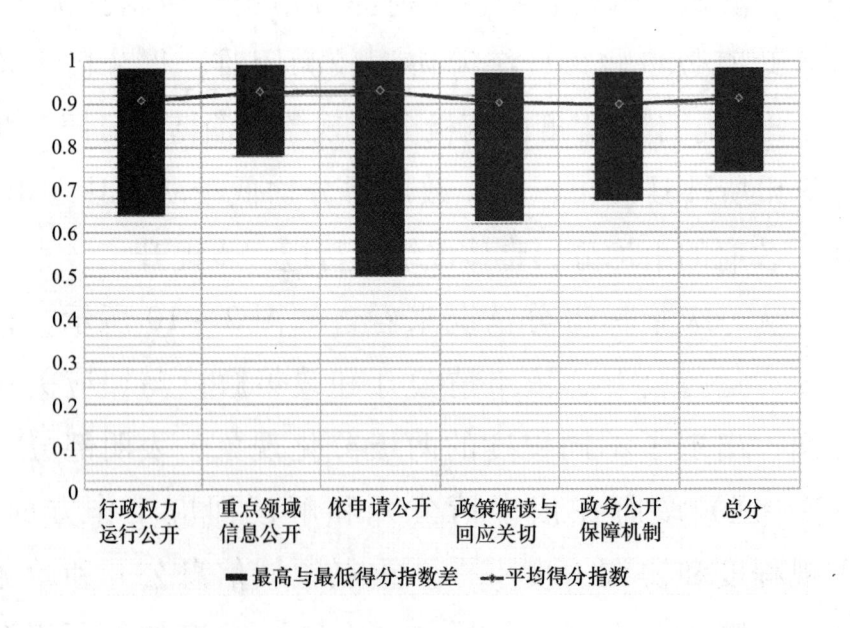

图2-10 各一级指标得分指数分差（本一级指标最高得分指数与最低得分指数之差）

务公开标准化规范化建设为契机，加大了重点领域信息公开力度，持续完善政务公开保障机制，不断探索将政务公开事项标准目录、标准规范嵌入部门业务系统，促进公开工作与其他业务工作融合发展，年内取得了良好的成效。

第二节 总体评估结果分析

一 主要特征

（一）统筹推进力度加大，制度体系日趋完备

2020年，山东省以政务公开工作继续走在全国前列为目标，主动作为，积极探索，不断加大推进力度，持续推进基层政务公开标准化规范化建设，各级各部门主动把政务公开部署纳入每年的《政府工作报告》和重要讲话中，政务公开工作取得了显著成效。2020年以来，全省共举办社会代表和利益相关方列席有关会议等活动1200余场，开展民生领域"政府开放日"活动2300多次，在全省范围内营造了良好的"公开"氛围。

在体制机制完善方面，配套制度体系逐步健全，政务公开工作成为山东省优化营商环境的基础性因素，助力打造山东省公开透明、可预期的制度环境。

一是2020年9月25日山东省第十三届人民代表大会常务委员会第二十三次会议通过的《山东省优化

营商环境条例》中，提到"公开"字样14处，"公示"字样5处，"公布"字样5处，"发布"字样2处。相继印发的《山东省人民政府关于持续深入优化营商环境的实施意见》（鲁政字〔2020〕67号）、《山东省人民政府办公厅印发关于持续深入优化营商环境的实施意见配套措施的通知》（鲁政办字〔2020〕61号）、《山东省人民政府办公厅关于印发山东省建立政务服务"好差评"制度工作方案的通知》（鲁政办发〔2020〕10号）、《山东省人民政府办公厅关于印发山东省全面推行证明事项告知承诺制实施方案的通知》（鲁政办发〔2020〕29号）也将政务公开工作作为推进办事服务公开标准化、优化营商环境的重要内容。

二是为加强行政法规、规章、规范性文件等重点政府信息公开，山东省相继出台了《山东省规章清理办法》（省政府令第334号）、《山东省重大行政决策程序规定》（省政府令第336号）和《山东省规章和行政规范性文件备案规定》（省政府令第337号），进一步规范重大行政决策程序，以及规章、规范性文件的备案和清理工作。

三是在全面推广山东省前期试点形成的经验做法，扎实推进基层政务公开标准化规范化的基础上，印发了《山东省人民政府办公厅关于全面推进基层政务公开标准化规范化工作的实施意见》（鲁政办发〔2020

11号），对编制标准目录、完善工作流程、推进平台建设等重点任务进行了明确部署。

四是为贯彻落实《国务院办公厅关于印发〈政府信息公开信息处理费管理办法〉的通知》（国办函〔2020〕109号）精神，规范政府信息公开收费工作，印发了《山东省人民政府办公厅关于做好政府信息公开信息处理费管理工作有关事项的通知》（鲁政办字〔2020〕179号），要求加强对信息处理费收取行为的监管，更好保障公众知情权。

（二）公众参与逐步常态化，行政决策程序更加科学

2020年11月，山东省出台了《山东省重大行政决策程序规定》，细化了决策事项范围，实行年度决策事项目录制度，并将公众参与定为五大法定程序之一。2019年，93.75%的市政府和83.94%的县（市、区）政府发布了本级重大行政决策事项目录；2020年决策事项目录的发布率达到了100%，并且多数评估对象均实现了重大决策事项目录的动态调整。特别是，各地区普遍将"十四五"规划的编制工作纳入决策事项目录管理，年内通过多种形式开展意见征集，开门问策、集思广益，将加强顶层设计与坚持问计于民统一起来，公众参与政府决策逐步实现了常态化。重大行政决策执行效果评估方面，也较去年有了较大进步，对于列入历年重大行政决策事项目录的决策事项，部分评估对象开展了相应的实施效果评估工作，并发布了评估报告，行政决策程序更加科学。

（三）标准引领的作用凸显，重点领域信息公开的广度和深度稳步拓展

2020年是山东省全面推进基层政务公开标准化规范化工作的重要一年，随着26个领域政务公开标准事项目录的编制完成，山东省重点领域信息公开的广度和深度稳步拓展。特别是新冠肺炎疫情发生后，各级政府网站第一时间开设了疫情防控专栏，建立疫情信息定期通报机制，疫情信息的及时发布，回应了社会关切，消除了群众疑虑，收到了很好的效果。评估结果也显示，省直部门、单位专项指标平均得分指数为91.17%，市政府重点领域信息公开指标的平均得分指数为98.21%，县（市、区）政府的重点领域信息公开指标的平均得分指数为92.83%。说明各级各部门聚焦八大发展战略、重点任务攻坚年、优化营商环境、疫情防控、"六稳"、"六保"等重点任务、重点领域信息公开工作取得较为显著的成效。

（四）申请渠道基本畅通，答复程序和内容逐步规范

2020年，各级各部门严格规范依申请公开办理流程，统一办理文书格式，建立健全有效的协查、会商等工作机制，有效提升了依申请公开工作标准化规范化水平。评估结果显示，信函渠道总体畅通率为

100%，按时答复率为 94.27%；在线渠道总体畅通率为 99.48%，按时答复率为 95.83%。

（五）政策解读形式不断丰富，更加注重解读内容的全面性

各级各部门按照"谁起草、谁解读"的原则，将政策解读与政策制定同步进行，"一把手"解读的频率逐步加大，解读内容更加全面深入，解读形式更加丰富多样。2020年全年共举办省级新闻发布会199场，省政府领导全部出席新闻发布会，对经济社会运行情况及群众关心关注的热点问题进行了重点解读。评估结果显示，省直部门、单位政策解读比例平均为79.61%；16家市政府重要政策解读比例平均为99.06%；县（市、区）政府重要政策解读比例平均约为88.38%。各评估对象年内不断创新政策解读形式，积极运用数字化、图表图解、音频、视频、动漫等形式，将政策以更加通俗易懂的方式加以解读。

（六）基层政务公开工作全面推进，标准目录编制基本完成

为深入落实《国务院办公厅关于全面推进基层政务公开标准化规范化工作的指导意见》（国办发〔2019〕54号），全面推广山东省前期试点经验，山东省印发了《关于全面推进基层政务公开标准化规范化工作的实施意见》（鲁政办发〔2020〕11号），组织基层政府编制基层政务公开标准化目录，设立政务公开专区。

专区建设方面，政务公开专区建设全面覆盖了各地区的政务服务大厅、便民服务中心、不动产登记中心、档案馆、图书馆等场所，专区在提供政府信息查阅、信息公开申请、公报免费发放、办事咨询答复、意见收集反馈等常规服务的基础上，不断拓展功能，创新应用，在提供重要政策现场集中解读、公众参与活动咨询报名、群众办事"痛点""堵点"问题收集等方面不断探索创新，实现了展示与服务、线上和线下的有机融合，让企业和群众真正感受到了权威性、一站式、一体化的信息服务，切实提升了群众的体验感、获得感。

目录编制方面，截至2021年1月底，全省136个县（市、区）和所有乡镇（街道），已全部完成政务公开事项标准目录编制工作。98.53%的县（市、区）政府在门户网站发布了本级政府基层政务公开事项标准目录，其中，88.24%的县（市、区）政府发布了所有领域（未涉及的领域提供了说明）的基层政务公开事项标准目录；98.30%的乡镇（街道）在上一级政府门户网站发布了本级基层政务公开事项标准目录，其中，51.50%的乡镇（街道）发布了所有领域（未涉及的领域提供了说明）的基层政务公开事项标准目录。

（七）政府信息公开平台建设稳步推进，重点政府信息管理进一步强化

各级各部门积极推进政府信息公开平台建设，截至 2020 年底，所有省直部门、单位，市政府和县（市、区）政府的公开平台均根据《国务院办公厅政府信息与政务公开办公室关于规范政府信息公开平台有关事项的通知》（国办公开办函〔2019〕61 号）推荐的版面设计格式进行了调整。各级各部门在政府网站积极探索政策文件的统一公开模式，重点加强行政法规、规章、规范性文件等重点政府信息公开，力求最大限度便于公众查询获取。建立健全了各级主动公开基本目录，初步形成了"省—市—县"三级主动公开基本目录体系，为下一步推进主动公开工作向纵深发展奠定了基础。山东省政务新媒体也进入了规模化、专业化、矩阵化、立体化的发展阶段，规范化程度不断提升，并在政务公开工作中发挥着更加重要的作用。

二 主要问题

（一）"应试"倾向、"竞争趋同"现象仍然存在

自 2015 年开始，全省政务公开第三方评估工作已经连续第六年开展，各级各部门政务公开水平都有了较大的提升。但部分评估对象仍然存在为了迎评而公开的"应试"倾向，主要表现在：一是习惯于每年根

据评估指标制作专栏或调整公开目录，政务公开应以"为民服务"意识为重，而评估指标是从专业的角度进行设计，并不一定便利公众查询需要的信息。另外，每年的评估指标仅是选取了部分重点工作，而不是全部的政府信息，如果仅以指标去调整目录，难免有失偏颇，以偏概全。二是部分评估对象为了迎接评估，而"突击式"发布信息，如部分评估对象12月发布当年度的政务公开业务培训计划，甚至某县政府发布的《2020年政务公开工作培训计划》中要求"一方面总结2017年度工作、安排部署2018年度工作"；某县级政府1月发布的《2020年重大行政决策事项目录》中决策时间计划精确到了具体的工作日，这些都明显是为了迎合指标要求，突击发布的内容。还有部分评估对象在栏目中发布了较多不必要的评估事项，说明这些并不属于政府信息的范围。

另外，评估工作组一直以来都高度重视差异化评估，避免"一刀切"的现象，2016年在评估指标体系中引入"共性指标"和"专项指标"，之后又不断优化评分方式，设置了"横向比较""差异评分"等方式，旨在引导各级各部门充分发挥地方或领域优势，鼓励公开方式和渠道的创新，力求评估更具科学性。但部分评估对象，特别是县（市、区）政府，门户网站栏目设置还是形成了"竞争趋同"的现象。评估发现，无论是网站栏目设置，还是信息具体内容，均出现了"竞争趋同"的现象，甚至是不同市的两个县（市、区）政府门户网站的栏目设置和页面设计完全一模一样。如两家不同市的县（市、区）政府的门户网站重点领域信息公开专栏无论是页面设计还是栏目设置，均完全一致；某县政府发布的基层政务公开标准目录文件中还有其他市政府的名称和内容；两家县（市、区）政府的政府信息公开工作年度报告，除了具体数字以外，内容基本完全雷同。政府网站和公开内容相互之间的借鉴不等同于抄袭，如果是照搬照抄而不做任何改动，那就成了一种工作上的懈怠。

政务公开不同于一般的事务性工作，也不需要像企业那样在短期内产生业绩，其综合性较强，应着眼长远，全面提升各级各部门政务公开水平，如同教育从应试教育向素质教育转变一样，考核评估也不是最终目的，一味地"唯指标论"，最终可能会与政务公开工作"公开为民"的初衷背道而驰。

（二）重大行政决策程序有待进一步完善优化

决策事项目录制度有待完善。由于《山东省重大行政决策程序规定》于 2020 年 11 月发布，而此时各级政府基本都已经发布了 2020 年度的重大行政决策事项目录，但由于各级政府对于重大决策概念和范围的把握不同，年度决策事项目录的发布时间、纳入目录的事项数量和重大行政决策事项范围也不尽相同。

公众参与程序的落实有待进一步重视。从评估结果看，基层政府通过政府网站征求意见的效果并不是很好，多数意见反馈结果为"未收到公众意见"。一方面，由于征集意见的方式问题，有些决策涉及特定群体利益，仅采用网站征集意见的方式，不一定能够达到较好的效果，可以在公开征求意见的基础上，通过座谈会、听证会、实地走访等方式，与相关人民团体、社会组织以及群众代表直接进行沟通协商。另一方面，网站征求意见的内容、提出意见的方式和期限也有待进一步完善，评估发现，个别评估对象仅发布了决策草案，未同时发布草案说明或解读相关材料；个别评估对象意见征集渠道不畅通；个别评估对象意见征集时限过短，有的甚至仅有3—5天。

执行效果评估有待进一步规范。一是执行效果评估的范围有待进一步明确，并不是所有的重大行政决策都需要开展评估，部分评估对象将所有的决策事项都发布了评估报告，但其中大多数的评估报告没有实际的内容，只是对决策执行情况的描述；二是部分评估对象将立法后评估与重大行政决策事项后评估混淆了；三是部分评估对象执行效果评估报告的内容有待进一步规范，报告中未包含重大行政决策的执行情况、执行效果、存在问题、意见建议等内容。

（三）部分重点领域信息公开仍有改进空间

部分领域公开时效性不高。在本次评估中，评估工作组对于空气质量、水环境质量、财政收支、国有企业经营情况、社会救助、社会福利等要求按月或季度定期发布的内容，部分评估对象并未关注信息公开的时效性，也未实现公开的常态化，直至2021年1月底，也未公开12月或第四季度相关内容，个别评估对象甚至2021年2月份也未公开。

部分领域公开要求理解不透彻。一是"文不对题"式的公开，信息标题符合指标要求，但实际内容却与要求不符。二是部分评估对象抵触负面信息的公开，评估发现，有部分评估对象公开的地方政府债务信息不够精细和全面，对于明确要求公开的内容，甚至以"相关规定"为由，拒绝公开。

部分领域公开存在过度公开个人隐私信息的现象。部分评估对象在公开诸如保障性住房分配、棚户区改造、社会救助、社会福利、扶贫对象等信息时，同步公示了一些个人身份证号码、手机号码、详细住址等个人隐私信息，并未做任何隐匿处理，不仅违背了政务公开的初衷，而且也暴露出个别机构对于政府信息审查机制的轻视和疏忽。

（四）依申请公开规范性仍有待提升

评估发现，5.73%的评估对象未能在规定时限内答复通过信函渠道提出的申请，4.17%的评估对象未能在规定时限内答复通过互联网提出的申请。部分评估对象所出具的政府信息公开告知书或答复书中仍然存在低级的文字错误、法律依据错误、救济渠道缺失或不完整等问题。

（五）政策解读范围有待明确，解读内容需更加具体

政策解读范围仍需进一步扩充。部分评估对象存在"选择性"解读的现象，仅是对本级政府发布的规范性文件和部分政策性文件进行解读，而对一些涉及面较广、涉及群众切身利益的政策性文件，未进行有效的解读。

部分解读材料仍然流于形式。部分评估对象发布的文字解读材料，无非是把政策文件中的小标题进行了摘抄，解读材料内容与政策文件内容基本完全一致；部分评估对象在政策图解中长篇大论，照抄照搬政策原文；部分评估对象发布的动画动漫解读仅是将文件解读的内容，配合一些简单的与政策内容无关的图画背景，进行了完整的语音复述，或是将大段的文字内容在动漫中直接展示，其内容与文字解读无二。

（六）公开平台有待统一规范，基础建设仍需加强

政府网站建设方面，部分评估对象存在政府网站建设与政府信息公开平台建设"两张皮"现象，主要表现在：一是政府网站的站内检索无法搜索到政府信息公开平台中发布的内容，且政府网站与政府信息公开平台之间存在多栏目或重复栏目的情况。二是不同渠道进入相同的栏目，展现形式不一样，部分评估对象政府网站内建立了决策预公开、会议公开、重大建设项目、"双随机、一公开"监管、行政执法公示等专栏，但从法定主动公开内容栏目下进入该领域，仍是简单的目录信息。

政府信息公开平台建设方面，部分政府网站的法定主动公开内容仅是在原有公开目录之间来回链接，信息查找更加不便，远离了建立统一政府信息公开平台的初衷。同时，公开指南未及时更新，年度报告内容标准不一、统计数据不准确等问题仍然存在。

政务公开基础工作方面，部分基层政府将主动公开基本目录与基层政务公开事项标准目录混淆，主动公开基本目录公开时限不准确，基层政务公开事项标准目录照搬照抄国务院部门发布的标准指引；基层政府政务公开机构不健全，专业人才缺乏，技术保障能力不强，政府信息资源管理比较混乱；各评估对象的年度政务公开业务培训计划雷同率较高，专题专项培训有待加强。

第三章　各指标评估结果分析

第一节　行政权力运行公开

各评估对象年内积极推进行政权力运行公开，坚持以公开为常态、不公开为例外，以制度安排把政务公开贯穿政务运行全过程，全面推进决策、执行、管理、服务、结果公开，以公开促落实、促规范、促服务。本次评估"行政权力运行公开"指标包括"决策公开""管理和服务公开""执行和结果公开"3项二级指标。

一　决策公开
（一）主要工作成效
1. 所有市县政府均发布了年度重大行政决策事项目录

2020年11月，山东省出台了《山东省重大行政决策程序规定》，细化了决策事项范围，实行年度决策事项目录制度，并将"公众参与"定为五大法定程序之一。评估结果显示，所有市政府和县（市、区）政府均发布了本年度重大行政决策事项目录，并且31.25%的市政府和61.03%的县（市、区）政府在决策事项目录中还进一步明确了决策依据、决策程序、实施计划等，极大方便了公众的参与。另外，从发布时间上看，6.25%的市政府和36.76%的县（市、区）政府于2020年第一季度发布，43.75%的市政府和33.09%的县（市、区）政府于2020年第二季度发布，25%的市政府和14.71%的县（市、区）政府于2020年第三季度发布，25%的市政府和15.44%的县（市、区）政府于2020年第四季度发布。

2. 多数评估对象能够落实公众参与的决策法定程序

评估结果显示，所有评估对象均建立了意见征集、调查征集等决策预公开专栏，集中发布本年度重大行政决策草案，广泛征求公众意见。85%的省直部门、单位能够及时发布本部门重大决策草案，公开征求意见。31.25%的市政府和67.65%的县（市、区）政府在发布决策草案的同时，还在预公开专栏中同步发布了草案的解读或说明等内容，帮助公众更好地理解草案内容，以便提出有针对性的意见和建议。75.00%的市政府和78.68%的县（市、区）政府重大行政决策草案公开征求意见的期限不少于30日（包括虽然少于30日，但在征求意见时予以说明原因的评估对象）。

3. 多数评估对象能够及时反馈意见收集采纳情况

决策草案征求意见结束后，反馈意见采纳情况的方式具有以下几种：一是以意见征集专栏形式，采用标签页的模式对应公开意见收集和采纳情况；二是在意见征集公告页面下，提供结果反馈情况的链接；三是设置专门的意见反馈栏目，集中发布所有的反馈信息。无论采用何种方式，72.50%的省直部门、单位，87.50%的市政府和83.82%的县（市、区）政府在决策草案征求意见结束后，及时反馈意见收集情况、意见采纳情况和未予采纳的理由。

4. 政府重要会议能够常态化公开

本次评估除了对评估对象常态化公开部门办公会或政府常务会，还着重对会议或议题的解读开展了评估。评估结果显示，所有评估对象均能够常态化公开部门办公会或政府常务会议，多数以新闻通稿的形式进行公开。其中，55%的省直部门、单位，93.75%的市政府和64.71%的县（市、区）政府在发布新闻通稿的同时，还配发了会议图解或关联了相关媒体解读材料等。

5. 重要政策文件基本实现统一管理

各评估对象不断加强本机关行政法规、规章、规范性文件等重点政府信息公开，便于公众查询获取。评估结果显示，所有评估对象均设置了政策文件的统一目录或专栏，多数评估对象还提供了政策文件的多种分类和高级查询功能。如省人力资源和社会保障厅、省生态环境厅等在简单组配分类的基础上，提供了政策文件的发文字号分类方式；潍坊市在门户网站建立了"市政府文件集中、分类发布"平台，每个文件都标明文件名称、发布日期、文号、效力状态，实现文件查询"一点通"。

（二）存在的问题

1. 重大行政决策事项目录制度有待完善

《重大行政决策程序暂行条例》提出了建立重大行政决策目录制度，《山东省重大行政决策程序规定》也明确指出："司法行政部门应当根据本规定第三条的规定，结合本级人民政府的职责权限和本地实际，编制年度决策事项目录，报决策机关研究确定，经同级党委同意后向社会公布，并根据实际情况调整。"由于各级政府对于重大决策概念和范围的把握不同，年度决策事项目录的发布时间和内容也不尽相同。

从时间上看，部分评估对象的决策事项目录、标准"后补"现象明显，有的甚至给出了"执行效果评估"文件的链接。

从纳入目录的决策事项数量看，25%的市政府和

69.12%的县（市、区）政府年度重大行政决策事项不多于5项，43.75%的市政府和24.26%的县（市、区）政府年度重大行政决策事项不超过10项，31.25%的市政府和6.62%的县（市、区）政府年度重大行政决策事项多于10项。

从纳入目录的决策事项范围看，多是将一些重大公共政策和措施、经济和社会发展等方面的重要规划、重大公共建设项目等列入重大决策事项目录。但个别县（市、区）政府发布的决策事项目录为"民办实事"内容；个别县（市、区）政府将本级政府财政预决算的制定也纳入决策事项目录。根据《重大行政决策程序暂行条例》第三条，财政政策、货币政策等宏观调控决策，政府立法决策以及突发事件应急处置决策不适用本条例。故应进一步规范各级政府对于重大行政决策事项范围的界定。

2. 决策草案的说明或解读有待进一步重视

《重大行政决策程序暂行条例》第十四条规定："决策承办单位应当采取便于社会公众参与的方式充分听取意见，依法不予公开的决策事项除外。听取意见可以采取座谈会、听证会、实地走访、书面征求意见、向社会公开征求意见、问卷调查、民意调查等多种方式。"履行公众参与的方式并非只有向社会征求意见一种，鼓励各级各部门采用多样化、便于社会公众参与的方式去广泛听取意见。评估发现，15%的省直部门、单位，37.50%的市政府和32.35%的县（市、区）政府在发布决策草案的同时，未同步发布草案的背景介绍、相关说明或解读等材料。

3. 部分决策公众参与效果不理想

从评估结果看，基层政府通过政府网站征求意见的效果并不是很好，多数意见反馈结果为"未收到公众意见"。一方面，由于征集意见的方式问题，有些决策涉及特定群体利益，仅采用网站征集意见的方式，不一定能够达到较好的效果，可以在公开征求意见的基础上，通过座谈会、听证会、实地走访等方式，与相关人民团体、社会组织以及群众代表直接进行沟通协商。另一方面，网站征求意见的内容、提出意见的方式和期限也有待进一步完善。

4. 部分会议图解流于形式

部分评估对象政府有关会议的图解流于形式，如某县政府发布的政府常务会图解，把新闻通稿的全部内容一字不漏地放到图片背景上，作为常务会议的图解信息进行发布。

5. 会议开放有待进一步深化

评估发现，部分市政府和县（市、区）政府多是邀请的专家、新闻媒体列席政府常务会，而邀请议题利益相关方、公众代表等列席政府常务会的较少。

6. 政府决策类会议与其他重要会议未区分放置

部门办公会与政府常务会议不同于一般的政府会议，事关政府决策和公众切身利益，也是社会关注度比较高的政府会议，一般情况下，在满足政府网站监测要求的前提下，应尽量单独设置栏目集中公开并解读。评估发现，部分评估对象将部门办公会或政府常务会议与一些新闻发布会、专家咨询会、工作推进会、宣传会议等放置在一起，难以区分或查询。

7. 政策文件的梳理汇总和查询功能有待进一步完善

《国务院办公厅关于印发2020年政务公开工作要点的通知》（国办发〔2020〕17号）明确要求，各级政府部门要系统梳理本机关制发的规章和规范性文件，按照"放管服"改革要求及时立改废，集中统一对外公开并动态更新。评估发现，部分评估对象仅是在法定主动公开内容下的组配分类中，简单公开相关政策文件；个别评估对象政策文件栏目中均是转发的上级有关文件，本级政府或部门发布的文件未公开；部分评估对象未提供政策文件的高级查询功能或仅提供文件的简单检索。

8. 规范性文件的展示页面有待进一步探索

规范性文件的公开页面，需要展示出规范性文件的政府索引号、组配分类、主体分类、发布机构、发布文号、成文日期、规范性文件统一编号、有效性、发布日期、废止日期等，部分评估对象未有效展示规范性文件的相关要素，如某县级政府发布的规范性文件，展示页面仅有文件标题，内容为规范性文件初稿的 Word 文件，无规范性文件的文号、成文日期、发布日期、有效性等。

二 管理和服务公开

（一）主要工作成效

1. 权责清单和职责边界清单全面公布

山东坚持优化协同高效原则，以推动部门"三定"规定落实为抓手，推出了建立完善"三张清单、两个机制"（政府部门职责任务清单、权责清单、职责边界清单，部门间协调配合机制、职能运行监管机制）的一揽子措施。2019 年 12 月，省政府印发了《山东省政府部门权责清单管理办法》，通过"一表两单"的方式实现了"两单融合"，并实现了权责事项的"三级四同"，确保了权责清单编制工作的统一规范，并进一步优化了权责清单的调整程序。2020 年 5 月，省级政府部门职责边界清单全面公布，涵盖了 61 个省直部门、单位及中央驻鲁机构的 136 项边界事项。评估结果显示，所有评估对象均发布了本机关权责清单和职责边界清单。另外，省委办公厅、省政府办公厅印发的《打造精简高效政务生态实施方案》等12个方案中，明确要求"2020年6月底前，市县审核公布本级政府部门职责边界清单"。评估结果显示，93.75%的市政府和88.24%的县（市、区）政府能够严格按照要求，在6月底前统一公布本级政府部门职责边界清单。

2. "双随机、一公开"监管信息基本实现专题专栏化公开

"双随机、一公开"监管工作是"放管服"改革的重要组成部分，全面推进"双随机、一公开"监管，有利于提升监管的公平性、规范性和有效性。评估结果显示，省直各有关部门、单位，81.25%的市政府和87.50%的县（市、区）政府能够在部门网站建立专栏集中发布本机关随机抽查事项清单、抽查计划和抽查结果等信息。其中，62.50%的市政府和45.59%的县（市、区）政府在统一发布本级政府部门相关信息的同时，提供了按部门查询的方式，极大方便了公众的信息检索。

随机抽查事项清单方面，省直各有关部门、单位，87.50%的市政府和82.35%的县（市、区）政府及时更新并集中发布了本机关随机抽查事项清单，其中，85.71%的省直有关部门、单位发布的随机抽查事项清单要素完整，62.50%的市政府和68.38%的县（市、

区）政府所集中发布的本级政府有关部门的随机抽查事项清单中基本涵盖了抽查依据、对象、内容、方式、比例和频次等要素。

抽查计划方面，所有省直有关部门、单位均发布了2020年本部门的随机抽查计划，75%的市政府和75.74%的县（市、区）政府集中发布了本级政府有关部门的随机抽查计划。

抽查结果方面，78.57%的省直有关部门、单位，68.75%的市政府和38.97%的县（市、区）政府能够基本严格按照随机抽查事项清单和抽查计划，发布本机关对应的抽查结果。

3. 行政执法公示制度进一步推动落实

行政执法是政府实施法律法规、履行法定责任、管理经济社会事务的主要方式。全面推行行政执法公示制度，对促进严格规范公正文明执法具有基础性、整体性、突破性作用，对切实保障人民群众合法权益，维护政府公信力，营造更加公开透明、规范有序、公平高效的法治环境具有重要意义。

评估结果显示，62.86%的省直有关部门、单位，87.50%的市政府和83.09%的县（市、区）政府在政府网站建立了统一的行政执法公示专栏或平台，集中发布本机关行政执法职责、执法依据、执法程序、监督途径等信息。68.57%的省直有关部门、单位能够在

2020年1月底前发布本机关2019年行政执法总体情况统计年报，81.25%的市政府和44.12%的县（市、区）政府能够及时督促本级政府有关部门于2020年1月底前公开本机关2019年度行政执法总体情况有关数据。

4. 减税降费信息公开较好

建立和实施收费目录清单制度，能够有效规范涉企收费行为、强化社会监督，对减轻企业负担、优化营商环境将起到积极作用，切实保障缴费对象的合法权益。评估结果显示，省财政厅、各市政府和各县（市、区）政府能够发布各级行政事业性收费目录和政府性基金目录，省发展改革委、各市政府和各县（市、区）政府能够发布政府定价或指导价经营服务性收费清单。

5. 政务服务效能进一步提升

《山东省人民政府关于持续深入优化营商环境的实施意见》（鲁政字〔2020〕67号）中明确要求，全面推开证明事项告知承诺制，7月底前各级统一发布证明事项清单。评估结果显示，省直有关部门、单位，各市政府和各县（市、区）政府均统一发布了证明事项实施清单。市县政府证明事项实施清单的发布方式主要包括两种，一种是由司法局统一发布本级证明事项清单，另一种为门户网站建立证明事项专栏，各部门发布本部门的证明事项实施清单。发布时间上，省直各有关部门、单位，87.50%的市政府和83.09%的县（市、区）政府证明事项实施清单的发布时间在2020年7月底前。

行政许可等事项划转清单方面，评估结果显示，81.25%的市政府和86.03%的县（市、区）政府能够在2020年7月底前向社会公布本级行政许可等事项划转清单。

政务服务方面，省直各有关部门、单位，各市政府和各县（市、区）政府均能够在政府网站或"山东政务服务网"公开本部门或本级政府部门的政务服务事项目录和办事指南。经抽查，大多数办事指南全面包括了事项名称、设定依据、申请条件、办理材料、办理地点、办理机构、收费标准、办理时间、联系电话、办理流程等基本要素。

（二）存在的问题

1. 随机抽查结果公开情况不够理想

随机抽查事项清单和抽查计划的公开，关键在于形成企业诚信自律、社会公众监督的良好氛围，而抽查结果的公开，正是对于抽查计划的落实情况公开。评估发现，21.43%的省直有关部门、单位，31.25%的市政府和61.03%的县（市、区）政府未能够严格按照随机抽查事项清单和抽查计划，发布对应的抽查结果。

另外，抽查结果的发布格式和标准仍然存在不统一的情况，有的是仅公开了抽查的统计信息，而未公开详细的抽查情况；有的是以通报形式发布；有的是发布在行政处罚结果信息中，且抽查情况和查处结果未进行关联。

2. 行政执法公示内容边界有待厘清

2020年，行政执法公示制度得到进一步落实，但仍旧存在着一些亟须解决的问题。

一是行政执法公示平台的建设。评估发现，各评估对象虽然均建立了行政执法公示的专栏或平台，但从栏目设置、内容发布和格式标准方面，都各不相同。有的是建立了三个目录，包括事前公开、事中公开和事后公开；有的是直接链接至相关网站；有的是直接一个行政执法公示栏目，所有信息简单堆积。

二是行政执法公示的内容和范围有待进一步厘清。在实际的实施过程中，对于行政执法公示、"双随机、一公开"监管、政务服务、信用信息双公示等相互之间的关系和边界模糊，导致了在统一平台建设上的不同，也导致了相关信息发布的不明确。

三是部分内容公开标准有待明确，特别是行政执法职责、执法依据、执法程序、监督途径等信息，有的是单独发布了相关对应的文件，有的是直接链接至政务服务网的办事指南，还有的发布的是权责清单。

3. 行政执法统计年报发布时限和内容有待完善

行政执法总体情况统计年度方面，部分评估对象发布时间超时或内容不完善。评估发现，部分评估对象未在2020年1月底前发布本机关2019年行政执法总体情况统计年报；部分县（市、区）政府仅有本级政府的，未发布各行政执法主体的总体情况；有的评估对象将法治政府建设年度报告作为行政执法总体情况统计年报进行发布。

三 执行和结果公开

（一）主要工作成效

1. 重要部署执行公开标准和格式逐步规范

本次评估主要是对各评估对象政府工作报告、年度重点工作、民生实事项目等重大决策部署执行进展的公开情况进行评估。评估结果显示，省直各相关部门、单位，各市政府和各县（市、区）政府均能够在一定程度上公开政府工作报告、年度重点工作和民生实事的相关执行措施、实施步骤、责任分工、监督方式，并且普遍能够根据工作推进情况及时公开工作进展、取得成效、后续举措等。

2. 重点任务公开承诺事项定期发布进展，落实情况及时对外公开

为把省委、省政府部署向深处、向细处、向实处

扎实推进，以公开促落实、促规范、促服务，省直有关部门、单位和各市政府均发布了本机关2020年重点任务、完成时限和责任人等信息，也均于2020年底发布了各承诺事项的落实情况。另外，90.91%的省直有关部门、单位和87.50%的市政府能够根据工作推进情况及时公开工作进展、取得成效、后续举措和落实情况。

3. 审计信息公开情况较好

省审计厅发布了本级预算执行审计报告和其他财政收支情况以及审计查出问题的整改情况的报告。各市政府和各县（市、区）政府均在门户网站公开了2019年度本级预算执行审计报告和其他财政收支情况，所有市政府和97.06%的县（市、区）政府公开了2018年度或2019年度审计查出问题的整改情况信息。

4. 执行效果评估公开情况有较大改善

评估结果显示，相比较于去年多数评估对象未发布执行效果评估情况，各评估对象在2020年均不同程度地发布了重大决策执行效果评估相关内容。62.50%的省直部门、单位能够发布针对本部门的一些规范性文件、规划计划等执行情况的评估报告。75%的市政府和59.56%的县（市、区）政府能够发布对于一些列入历年重大行政决策事项目录的决策事项的评估报告。

5. 建议提案办理结果公开逐步规范化、便民化

办理人大代表建议和政协委员提案，是政府按照全面依法治国要求依法履职、自觉接受人民监督的重要体现，也是汇聚众智众力科学民主施政、推动工作的重要途径。国务院常务会议也多次对办理结果的公开提出了相关要求。评估结果显示，省直各有关部门、单位均依托"中国·山东"门户网站的建议提案办理结果公开专栏，集中发布本部门的建议提案办理总体情况；各市政府和各县（市、区）政府均通过建立专栏或在法定主动公开基本目录栏目下开设相关栏目，集中发布本级政府部门建议提案办理结果相关信息，并注意到了建议提案办理结果标题的命名，在标题中加入了建议提案的主题，极大方便了公众的检索。烟台市还将人大建议办理和政协提案办理的目录按照主题类型，进一步划分为社会建设、农业农村、民侨外事、教科文卫、监察司法、城建环保、财政经济等主题分类，便利公众查询。另外，87.50%的省直部门、单位，81.25%的市政府和89.71%的县（市、区）发布了本机关建议提案办理的总体情况。

（二）存在的问题

1. 重要部署执行公开信息的系统性有待提升

评估发现，部分基层政府未统一本级政府部门重要部署执行进展情况公开的格式和内容，导致有的部门发布的是工作报告，有的发布的是进展情况表格，格式和标准均不统一；部分市、县政府在发布本级政府部门的重要部署执行进展情况时，虽统一了各部门的发布格式，但有的部门是按年度总结公开，有的按半年发布，有的是按月度发布，建议由政府办公厅（室）统一要求发布频率，并整合相关内容。

2. 执行效果评估工作需进一步规范

一是执行效果评估的范围有待进一步明确，并不是所有的重大行政决策都需要开展评估。《重大行政决策程序暂行条例》第三十六条规定，当决策事项具有"（一）重大行政决策实施后明显未达到预期效果；（二）公民、法人或者其他组织提出较多意见；（三）决策机关认为有必要"的情形之一时，决策机关可以组织决策后评估。评估发现，部分评估对象将所有的决策事项都发布了评估报告，但其中大多数评估报告没有实际的内容，只是对决策执行情况的描述。

二是部分评估对象将立法后评估与重大行政决策事项后评估混淆了，立法后评估与重大行政决策事项后评估，无论从政策依据和要求，还是从评估主体、评估对象、评估范围、评估内容等方面，都有一定的区别。

三是部分评估对象执行效果评估报告的内容有待进一步规范，报告中未包含重大行政决策的执行情况、执行效果、存在问题、意见建议等内容。有的评估对象只是笼统地将近几年的相关政策做了相关的评述，未明确评估主体，且未对列入重大行政决策事项目录的事项开展后评估。

3. 建议提案办理结果的检索功能亟待优化

评估发现，多数评估对象已经注意到了建议提案办理结果标题命名的便民化，但随着历年建议提案办理结果信息的堆积，信息的查找和检索迎来了新的难题。部分评估对象仅是在法定主动公开内容下设置了建议提案办理结果公开目录，但未提供针对建议提案办理结果的高级检索功能。

4. 部分评估对象未发布本年度建议提案办理总体情况

评估发现，12.5%的省直部门、单位未发布本部门建议提案办理的总体情况，18.75%的市政府和10.29%的县（市、区）未发布本级政府的建议提案办理总体情况。

另外，部分评估对象在建议提案办理结果公开专栏中发布了较多的不必要的证明，如某市政府部门在人大建议办理结果专栏中发布了一则说明文件"2020年本部门未收到人大代表建议"。实际上，该则说明既不是政府信息，也不是必要的证明文件，如果在建议提案办理总体情况报告中，实行"零报告"制度，直接说明本年度未收到人大代表建议，自然而然人大代表建议办理结果栏目中无内容发布，评估也不会予以扣分。

第二节 重点领域信息公开

重点领域信息公开包括"财政信息""重大建设项目和公共资源配置""重点民生与公益事业""公共监管"4项二级指标。其中，对省直部门、单位的评估，主要是依据《要点》和省直各部门、单位制发的年度政务公开工作实施方案或工作措施，分别设置了专项指标，有针对性地开展评估工作。

一 财政信息

（一）主要工作成效

1. 财政预决算信息公开依旧保持良好势头

评估发现，省财政厅建立了省级财政预决算公开平台，省直各部门、单位均发布了本部门2019年财政决算和2020年财政预算。16家市政府和136家县（市、区）政府也均在门户网站设立了财政预决算信息公开统一平台或专栏，统一发布本级政府和部门2019年财政决算和2020年财政预算以及"三公"经费预决算信息，公开内容涵盖了预决算说明、预决算表格等信息，且预决算全部细化到支出功能分类的项级科目、专项转移支付预决算细化到具体项目、财政拨款安排的基本支出预决算细化到经济分类的款级科目。同时，绝大多数评估对象还能够主动公开"三公"经费增减原因说明、因公出国（境）费、公务用车运行费、公务接待费等有关情况。

2. 财政收支基本能够按月发布

评估发现，省财政厅、16家市政府和81.62%的县（市、区）政府能够按月发布财政收支信息，解读财政收支增减变化情况及说明原因，部分评估对象还能够进一步对财政收入走势进行预判。

3. 政府债务信息逐步披露

本次对于政府债务信息的评估，分为两部分：一是随同预决算公开地方政府债务限额、余额、使用安排及还本付息等信息，包括随同预算公开上一年度本地区、本级及所属地区地方政府债务限额及余额（或余额预计执行数），以及本地区和本级上一年度地方政府债券（含再融资债券）发行及还本付息额（或预计执行数）、本年度地方政府债券还本付息预算数等；随同调整预算公开当年本地区及本级地方政府债务限额、本级新增地方政府债券资金使用安排等；随同决算公开上年末本地区、本级及所属地区地方政府债务限额、余额决算数，地方政府债券发行、还本付息决算数，以及债券资金使用安排等。二是需要定期公开的地方政府债务率以及经济财政状况、债券存续期管理等信息。

评估结果显示，所有市政府和县（市、区）政府均随同预决算公开了地方政府债务限额、余额、使用安排及还本付息等信息；所有市政府和78.68%的县（市、区）政府能够发布地方政府债务率以及经济财政状况、债券存续期管理等信息。

（二）存在的问题

1. 财政收支信息公开需保持常态化的更新

评估发现，部分评估对象未在财政收支信息中解读财政收支增减变化情况及原因、预判财政收入走势；部分评估对象并未关注财政收支信息公开的时效性，也未实现公开的常态化，个别评估对象甚至直至2021年1月底，也未公开2020年12月财政收支信息。

2. 进一步明确重点项目绩效信息公开方式

重点项目的项目文本、绩效目标和绩效评价结果一般是随着本级政府部门的预决算信息公开，部分评估对象为了应对评估，将重点项目绩效信息单独放置了目录或专栏，而其中的内容与预决算信息中的内容却有部分的出入。

3. 政府债务等负面信息公开有待进一步推动

评估发现，有部分评估对象公开的地方政府债务信息不够精细和全面,部分评估对象拒绝公开部分地方政府债务信息,如某县级政府在门户网站公开了财政局关于政府债务指标涉及事项未进行公开的说明,指出"政府债务指标所涉及的公开债务率以及经济财政状况、债券存续期等信息,按相关规定债务率属于秘密事项不得公开"。对于明确要求公开的内容,以"相关规定"为由,拒绝公开。

二 重大建设项目和公共资源配置

(一)主要工作成效

1. 多数评估对象发布了年度重大建设项目清单

确定本地区重大建设项目的范围,是做好重大建设项目批准和实施领域信息公开工作的重要前提。多数评估对象能够以发布年度重大建设项目清单的形式,确定本地区重大建设项目的范围。而清单的公开方式大致有两种:一种是发布年度重大建设项目清单的文件;另一种是在专栏中以子栏目形式直接展示重大建设项目的清单。评估结果显示,93.75%的市政府和96.32%的县(市、区)政府能够发布本年度重大建设项目清单。

2. 重大建设项目批准和实施领域信息公开的系统性显著增强

评估结果显示,93.75%的市政府和69.12%的县

（市、区）政府能够按照项目梳理各阶段相关信息，并在专栏中按项目将各重大建设项目的批准结果信息、招标投标信息、征收土地信息、重大设计变更信息、施工有关信息、质量安全监督信息、竣工有关信息等予以分类展现。济宁市在重大建设项目专栏中标注了各个项目"建设中""已完工"等状态，并保留了2019年相关专栏展示信息；东营市在重大建设项目专栏中区分了新增项目和续建项目等分类；潍坊市潍城区重大建设项目专栏中，区分了"新开工项目""结转项目"，并采用灰度显示的方式明确了实施领域各阶段是否产生了信息，项目进展状态明确标识。

3. 政府集中采购信息全面公开

2020年10月，省财政厅发布了《山东省财政厅关于印发山东省政府集中采购目录及标准的通知》（鲁财采〔2020〕30号），各市政府和各县（市、区）政府均进行了转发或发布了本级政府集中采购目录及标准，政府集中采购信息公开透明，有效推动了政府采购制度改革，优化了政府采购营商环境。

4. 保障性住房信息公开透明

评估结果显示，省住房和城乡建设厅全面公开了2020年度全省城镇棚改建设情况、住房保障计划完成情况，并及时更新了棚户区改造相关政策措施执行情况信息。所有市政府和92.65%的县级政府能够及时公开城镇保障性安居工程规划建设方案、年度建设计划信息、建设计划完成情况等信息，并及时公开本地区保障性住房分配政策、分配对象、分配房源、分配程序、分配过程、分配结果等信息。

5. 住房公积金年度报告发布情况较好

评估发现，省住房和城乡建设厅及时在政府网站公开全省住房公积金年报、季报，实时发布解读住房公积金监督管理、政策调整以及服务举措等方面信息。所有市政府均于2020年3月底前及时发布了本地区2019年住房公积金年度报告，并及时发布公积金缴存、提取、贷款、财务以及风险状况等公积金管理运行信息，部分市政府还同步发布了住房公积金年度报告的解读材料。

（二）存在的问题

1. 重大建设项目范围的界定标准有待明确

根据《重大行政决策程序暂行条例》和《山东省重大行政决策程序规定》，"决定在本行政区域实施的重大公共建设项目"应列入重大行政决策事项目录。《国务院办公厅关于推进重大建设项目批准和实施领域政府信息公开的意见》（国办发〔2017〕94号）明确指出：重大建设项目是指按照有关规定由政府审批或核准的，对经济社会发展、民生改善有直接、广泛和重要影响的固定资产投资项目（不包括境外投资项目和对外援助项目)。评估发现,部分评估对象的重大行政决策事项收录了部分重大公共建设类的固定资产投资项目,但却未在年度重大建设项目清单范围内,各地区重大建设项目范围的界定标准有待进一步明确。

2. 历史重大建设项目的信息公开有待进一步规范

重大建设项目是一个需要长期公开的内容,部分重大建设项目的工期也较长,多数评估对象是按年度公开的相关内容,部分专栏中仅有2020年度的开工或建设的信息,对于往年已经竣工或往年开工还未竣工的重大建设项目信息,在政府网站内无法找到或未公开,忽视了历史重大建设项目信息的存档与公开工作。

3. 住房保障领域存在过度公开个人隐私现象

评估发现,部分评估对象在保障性住房分配结果信息中有过度公开个人隐私信息的情况,需进一步加强政府信息的审核工作。

三 重点民生与公益事业

(一) 主要工作成效

1. 基层政府扶贫信息公开情况较为理想

评估发现,136家县(市、区)政府均设立了"脱贫攻坚""扶贫脱困"或"扶贫信息"等信息公开专栏。各县(市、区)政府能够较为全面地整合公开专项扶贫、行业扶贫、社会扶贫等相关政策措施、专项规划及其解读材料，及时发布本地区年度扶贫资金项目计划安排、实施和完成情况。

2. 社会救助信息公开详细而具体

评估结果显示，省民政厅、所有市政府和93.38%的县（市、区）政府分别按照职能公开城乡低保、特困人员救助供养、医疗救助、临时救助的救助对象认定、救助标准；省民政厅、省医保局、所有市政府和93.38%的县（市、区）政府分别按照职能公开城乡低保、特困人员救助供养、医疗救助、临时救助的申报指南；省民政厅、省医保局、所有市政府和67.65%的县（市、区）政府分别依据职能按季度或月度公开城乡低保、特困人员救助供养、医疗救助、临时救助的救助人次数、资金支出情况。

3. 社会福利信息更加透明

养老服务方面，2020年6月，省民政厅等11部门联合印发《关于发布山东省基本养老公共服务清单的通知》，进一步明确了老年人基本养老公共服务项目，并对各级发布基本养老公共服务清单提出明确要求。所有市政府和91.91%的县（市、区）政府均于2020年6月底前制定并发布本级基本养老公共服务清单，并明确服务对象、服务标准和支出责任。另外，87.50%的市政府和81.62%的县（市、区）政府能够定期公开本地区老年人福利补贴发放情况等信息。

残疾人福利和儿童福利方面,省民政厅在社会福利专栏中,集中公布了对象认定条件、申领范围、补贴标准、申请审批程序等,并定期公开残疾人和儿童福利补贴发放情况。市政府和县(市、区)政府残疾人福利信息公开率分别为100%和82.35%,儿童福利信息公开率分别为100%和75.00%。

4. 社会保险信息披露制度落实情况较好

评估结果显示,省人力资源和社会保障局、省医保局和所有市政府能够及时公开现行有效的社会保险法规、制度、政策、标准、经办流程以及调整社会保险费的政策措施。省人力资源和社会保障局、省医保局和所有市政府基本能够定期公开本地区社会保险的参保人数、待遇支付、基金收支情况。省医保局和各市政府能够发布异地就医联网结算医疗机构名单、医保定点医院、药店及药品、诊疗项目目录等。

5. 生态环境保护信息公开实现常态化

省生态环境厅在部门网站建立了山东省城市环境空气质量发布、污染源环境监管信息公开、山东省省控地表水水质状况发布、省控及以上企业环境监测信息发布等专题专栏,公开了重点区域及主要城市空气质量,水源水质监测和污染源环境信息。

空气质量状况方面,省生态环境厅、75%的市政府和60.29%的县(市、区)政府能够在2021年1月底前，按月发布2020年本地区全年环境空气质量状况。

饮水安全状况方面，省生态环境厅、81.25%的市政府和87.50%的县（市、区）政府能够按季度向社会公开饮用水水源水质状况；省住房和城乡建设厅、75%的市政府和79.41%的县（市、区）政府能够按季度向社会公开供水厂出水安全状况；81.25%的市政府和83.82%的县（市、区）政府能够按季度向社会公开用户水龙头（管网末梢）水质状况。

企业环境信息公开方面，16家市政府均公开了本行政区域内重点排污单位名录，并积极督促重点排污企业集中公开主要污染物名称、排放方式、排放浓度和总量、超标排放情况等环境信息情况，其中，81.25%的市政府重点排污单位名录的发布时间在2020年3月底前。

6. 教育信息公开全面推进

评估结果显示，省教育厅及时公开并解读了义务教育、学前教育、特殊教育、职业教育、高等教育等方面的政策措施以及教育相关发展规划，专项经费投入、分配和使用，困难学生资助实施情况。

职业教育和民办教育方面，87.50%的市政府公开了本地区职业教育学校名录、专业设置、骨干专业、特色专业等信息；81.25%的市政府公开了本市民办教育管理相关政策文件，并及时发布了本市由市行政审批局或市教育局审批的详细民办学校名单。

学前教育和义务教育方面，99.26%的县（市、区）政府向社会公布了最新的本区域内公办幼儿园名单；97.79%的县（市、区）政府向社会公布了最新的本县（市、区）教育行政主管部门认定通过的普惠性民办幼儿园名单；81.75%的县（市、区）政府公布了本行政区域内幼儿园办园评估结果；83.21%的县（市、区）政府完整地公开了本地区义务教育学校名录，包括学校名称、学校地址、办学层次、办学类型、办公电话等信息；91.97%的县（市、区）政府及时公开了本地区义务教育招生方案、招生范围、招生程序、报名条件、学校情况、咨询方式等信息，并在招生工作结束后及时公开了招生结果。

7. 医疗卫生信息公开力度进一步加大

评估结果显示，省卫生健康委在部门网站按月发布"山东省法定报告传染病疫情通报"，并向社会公开了山东省突发公共卫生事件应急预案。97.79%的县（市、区）政府及时公开了本行政区域内基本公共卫生服务项目承担机构名录。

医疗资源配置情况方面，6.25%的市政府和10.29%的县（市、区）政府能够按月公开本区域内医疗机构数量、布局以及床位、大型设备等资源配置情况；43.75%的市政府和32.35%的县（市、区）政府能够按照季度公开本区域内医疗机构数量、布局以及床位、大型设备等资源配置情况。

（二）存在的问题

1. 不同平台间信息更新频率不一致

评估发现，部分评估对象不同公开平台间发布的政府信息更新频率不一致，如某市政府在门户网站法定主动公开内容下公开的社会救助信息，截至 2021 年 2 月，公开了至 2020 年 11 月的信息，而市民政局网站专栏中的社会救助信息仅公开至 2020 年 9 月份。

2. 部分领域信息须注意信息发布的频率和内容完整性

评估发现，部分领域信息公开未注意其信息发布频率和内容的要求，如老年人福利补贴发放情况，根据民政部办公厅印发的《养老服务领域基层政务公开标准指引》要求，老年人补贴申领和发放信息公开内容包括补贴申领数量、补贴申领审核通过数量、补贴申领审核通过名单以及各项老年人补贴发放总金额，且要求"每 20 个工作日更新"，基本是按月公开的要求。评估过程中发现，部分评估对象仅发布了老年人补贴的发放总金额，部分评估对象按季度或年度发布，均不符合相关要求。

3. 部分领域公开时效性不高

在本次评估中，评估工作组对于空气质量、水环境质量、社会救助、社会福利等要求按月或季度定期发布的内容，一方面评估其按月或按季度发布的内容准确性和完整性，另一方面着重在2021年1月下旬，检查各评估对象这类信息的12月份或第四季度信息的发布情况。评估发现，部分评估对象并未关注信息公开的时效性，直至2021年1月底，也未公开2020年12月或第四季度相关内容，个别评估对象甚至2021年2月份也未公开。

4. 公共企事业单位信息公开指标化现象严重

本次评估主要是随机抽取了省属高校、省属国有企业、省属（市属、县属）医院、市属公用事业单位和县属中小学进行信息公开的评估。评估发现，一是"对标发布信息"现象仍然存在，部分评估对象虽然建立了各公共企事业单位的专栏，但专栏下仅是每年按照指标要求，固定在同一时间发布一些静态信息，甚至信息标题都与指标体系完全一致。二是公开不够全面。评估发现，个别评估对象仅是在门户网站公开了单位的简介内容，或是开通了微信公众号，却在公众号中仅发布相关新闻宣传信息，对于公众关心关注的内容发布极少。

四 公共监管

（一）主要工作成效

1. 国资国企信息披露全面深化

评估结果显示，省国资委、100%的市政府和

80.88%的县（市、区）政府能够按月公开国有企业主要经济效益指标、主要行业盈利、重大变化事项等情况；100%的市政府和71.32%的县（市、区）政府能够及时公开国有企业经营情况和业绩考核结果；100%的市政府和91.18%的县（市、区）政府能够及时公开企业履行社会责任重点工作情况。

2. 市场监管信息实现常态化公开

评估结果显示，省药监局在部门网站定期公开了抽查检验药品的品名、检品来源、标示生产企业、生产批号、药品规格、检验机构、检验依据、检验结果、不符合规定项目等监督抽检信息；省市场监管局、所有市政府和94.85%的县（市、区）政府能够依法向社会发布产品质量监督抽查结果公告；所有市政府和88.97%的县（市、区）政府及时公开了本地区抽查检验食品的食品名称、标称生产（养殖）企业名称、标称生产（养殖）企业地址、被抽样单位名称、被抽样单位地址、规格型号、商标、生产（购进）日期/批号、不合格项目、检验结果、标准值、分类、品种、检验机构等监督抽检信息。

3. 应急管理信息公开情况良好

评估结果显示，省应急厅、所有市政府和97.79%的县（市、区）政府均不同程度地公开了安全生产领域的常规检查执法、暗查暗访、突击检查、随机抽查等执法检查信息。省应急厅、各市政府和各县（市、区）政府基本上均能够及时发布本地区突发事件总体应急预案，以及自然灾害类和安全生产类突发公共事件应急预案信息。

（二）存在的问题

1. 国有企业业绩考核信息公开有待规范

评估发现，部分评估对象公开国资国企信息方面存在"文不对题"式的公开，指标要求公开国有企业的业绩考核结果，部分评估对象公开的信息标题虽为国有企业业绩考核，其实际内容却是国有企业的经营情况，还有部分评估对象仅是发布了国有企业考核的相关办法，未发布相关考核结果。

2. 国有企业经营情况须注意信息发布的时效性

评估发现，部分评估对象未关注国有企业主要经济效益指标、主要行业盈利、重大变化事项等信息公开的时效性，也未实现公开的常态化，个别评估对象甚至直至2021年2月，也未公开2020年12月的相关信息。

第三节　依申请公开

本次评估采用模拟暗访的方式，评估工作组以公民的身份，通过在线平台和邮政快递（EMS）方式向

40家省直部门、单位，16家市政府（选取了2家市政府部门分别发送）和136家县（市、区）政府［选取了2家县（市、区）政府部门分别发送］发送了政府信息公开申请，对各评估对象申请渠道的畅通性和答复的规范性进行了评估。

一 渠道畅通性

（一）主要工作成效

1. 在线申请渠道普遍畅通

评估发现，40家省直部门、单位，16家市政府和136家县（市、区）政府均开通了在线申请渠道或是提供电子邮箱接受申请。评估工作组通过在线平台提交成功反馈信息或电子邮件发送成功提示信息确认，向39家省直部门、单位，16家市政府部门和136家县（市、区）政府成功提交了政府信息公开申请，在线渠道总体畅通率达到了99.48%。

2. 信函申请渠道基本畅通

评估发现，40家省直部门、单位，16家市政府和136家县（市、区）政府在政府信息公开指南中发布了本级政府信息公开申请受理机构名称、联系电话、通信地址和邮编等信息接收信函渠道申请。评估工作组通过快递跟踪查询系统确认，40家省直部门、单位，16家市政府部门和136家县（市、区）政府部门签收了寄送的政府信息公开申请，信函渠道总体畅通率达到了100%。

（二）存在的问题

1. 个别评估对象在线渠道不畅通

评估发现，个别单位出现在线渠道不畅通的问题，如某省直部门网站申请页面中"受理部门"为加"*"的必填项，但评估工作组点击选择受理部门时，却无法选择，导致无法提交。

2. 部分评估对象在线申请办理过程不够透明

评估发现，部分评估对象在线渠道申请方式为电子邮箱，但未提供电子邮箱申请办理的查询方式或电话；部分评估对象由于网站改版升级，重新设计了依申请公开在线申请平台，导致使用之前的反馈码无法在新的网站进行申请状态查询。

3. 部分评估对象信函申请渠道不畅通

一是部分县（市、区）政府部门未发布政府信息公开指南，评估工作组在选取县级政府部门时，部分县（市、区）政府门户网站仅有一个统一的公开平台，且未找到各部门发布的政府信息公开指南；二是部分评估对象的公开指南中内容不明确，如某县级政府部门仅说明有书面、在线等申请方式，而未提供具体申请的通信地址信息；三是部分评估对象未提供政府信息公开申请表下载链接，如某县级政府部门的公开指南中说明申请表见"附件1",但公开指南中并未提供附件的下载;四是申请的信函被传达室或其他部门接收,由于各部门之间衔接和沟通交流不足,信函没有及时移送至申请受理机构,导致了超期答复。

二 依法答复

(一)主要工作成效

1. 多数评估对象能够按规定时限依法答复

信函渠道方面,39家省直部门、单位,16家市政府和126家县(市、区)政府能够在规定时限内答复申请,信函渠道按时答复率达到了94.27%;在线渠道方面,37家省直部门、单位,16家市政府和131家县(市、区)政府在规定时限内答复了申请,在线渠道按时答复率为95.83%。

2. 多数评估对象答复形式符合申请人的要求

在线申请渠道和信函申请渠道,评估工作组多是要求各评估对象以电子邮件或信函的形式回复,本次评估为了更好地体现行政机关依申请公开工作的便民化,特选择了部分评估对象,要求其以信函形式答复。信函渠道方面,39家省直部门、单位,16家市政府和126家县(市、区)政府能够按照申请人的要求,以电子邮件或信函的形式进行答复,分别占比97.5%、100%和92.65%;在线渠道方面,37家省直部门、单位，16家市政府和131家县（市、区）政府按照申请人的要求，以电子邮件或信函的形式进行答复，分别占比92.5%、100%和96.32%。

3. 多数评估对象出具了规范的政府信息公开告知书

信函渠道方面，37家省直部门、单位，14家市政府和109家县（市、区）政府向评估工作组出具了加盖单位公章的书面告知书或扫描件，分别占比92.5%、87.5%和80.15%。其中，36家省直部门、单位，14家市政府和107家县（市、区）政府能够在告知书中明确告知救济渠道。

在线渠道方面，36家省直部门、单位，14家市政府和117家县（市、区）政府向评估工作组出具了加盖单位公章的书面告知书或扫描件，分别占比90%、87.5%和86.03%。其中，36家省直部门、单位，14家市政府和111家县（市、区）政府能够在告知书中明确告知救济渠道。

（二）存在的问题

1. 部分评估对象拒绝出具政府信息公开告知书

评估工作组提交申请后，部分评估对象仅电话告知相关申请内容，当申请人要求出具政府信息告知书时，却拒绝出具，如某县（市、区）人力资源和社会保障局在收到申请时，电话告知了申请人信息查询渠道，要求其出具告知书时，无理由拒绝出具。

2. 部分评估对象出现先答复又后补政府信息公开告知书的情况

评估发现，部分评估对象收到政府信息公开申请后，在较短的时间内，直接采用电子邮箱形式答复相关申请内容，而后过一段时间，又发送了政府信息公开告知书，出具政府信息公开告知书的时间已经超出了规定时间。

3. 部分评估对象答复的电子邮件无任何信息标注

评估过程中，部分评估对象在按照申请人要求，采用电子邮件答复时，邮箱采用个人电子邮箱，且标题和正文均未标明具体的答复机关，如某县政府部门答复的电子邮件标题和附件标题均为"政府信息公开告知书"，且正文无任何内容。

4. 部分评估对象未能在规定时限内答复

评估结果显示，5.73%的评估对象未能在规定时限内答复通过信函渠道提出的申请，4.17%的评估对象未能在规定时限内答复通过在线渠道提出的申请。甚至个别单位在评估结束时，评估工作组通过在线形式提交的申请，在线平台查询状态仍显示"未处理"或"等待受理"。

5. 个别评估对象的告知书中存在明显的文字错误

个别评估对象在出具书面告知书时，未认真检查告知书的内容，出现了文字错误。如评估工作组以信函形式发送的申请，个别单位在出具的告知书中写着"收到以在线形式提交的申请"；还有部分评估对象所出具的告知书套用相关模板，评估工作组以公民个人身份提交的申请，告知书中却使用"你们"。

6. 部分评估对象所出具的告知书法律依据不充分或不准确

评估结果显示，1家市政府和3家县（市、区）政府在所出具的政府信息公开告知书或答复书中所引用的法律依据为修订前的《条例》相关条款。

7. 部分评估对象所出具的告知书救济渠道缺失或不完整

评估发现，部分单位存在救济渠道缺失或不完整的问题。信函渠道方面，3家省直部门、单位和2家县（市、区）政府部门未告知救济渠道；7家省直部门、单位和14家县（市、区）政府在告知书中告知了救济渠道，但未告知具体救济机关名称、地址。在线渠道申请方面，2家省直部门、单位和4家县（市、区）政府未告知救济渠道，8家省直部门、单位和6家县（市、区）政府未告知具体救济机关名称、地址。

第四节　政策解读与回应关切

本年度"政策解读与回应关切"指标包括"政策

解读""回应关切"两项二级指标。主要是对各级政府政策解读专栏设置、解读材料发布、解读比例、解读内容、解读形式等政策解读情况，以及重要舆情回应、互动平台建设与应用等情况进行评估。办理答复采用模拟暗访的形式，评估各评估对象的答复时效和答复内容情况。

一 政策解读

（一）主要工作成效

1. 所有评估对象均设置了政策解读栏目

评估发现，40家省直部门、单位，16家市政府和136家县（市、区）政府均在政府网站设置了专门的政策解读栏目或目录，及时发布解读材料。

2. 重要解读比例逐年提升

评估工作组从2018年开始，重点关注了各评估对象对涉及群众切身利益、影响市场预期等重要政策的解读比例情况。2020年以来，围绕"六稳"、"六保"、打好九大攻坚战、减税降费、疫情防控等社会关注热点问题，各级各部门"一把手"解读的频率逐步加大，解读内容更加深入，形式更加多样。特别是新冠肺炎疫情发生以来，针对小微企业和个体工商户，加大了在融资担保、税费减免、公共服务等方面的政策解读力度。本次评估结果显示，省直部门、单位政策解读比例平均为79.61%；市政府重要政策解读比例平均为99.06%；县（市、区）政府重要政策解读比例平均约为88.38%。相较于往年，该项数据呈上升趋势，表明各评估对象高度重视政策解读工作，逐步形成了公开、解读、回应一体化的大公开格局。

3. 解读形式不断创新

由于公众在个人文化程度和社会经验上的差异，对各级发布的政策的理解也会各不相同，这就需要采用群众喜闻乐见的展现形式，将政策以更加通俗易懂的方式加以解读。评估结果显示，各评估对象年内不断创新政策解读形式，取得了良好的成效。如省财政厅将《关于持续深入优化营商环境的实施意见》的图文解读素材，翻译成英、日、韩等多种语言版本，在境外媒体广泛刊发，增强齐鲁文化的国际影响力；省交通运输厅开发并制作了政策解读卡通形象"通哥"，开设《通哥解读》《通哥说新闻》栏目，以图片、动画、视频、电子书等形式进行解读；东营市创新政策情景剧解读形式，在电视台等媒体播出《享受低保该不该》《低保转特困优惠政策多》等情景剧。

4. 多数解读材料内容较为全面

本次评估重点对解读材料是否全部涵盖政策背景、决策依据、出台目的、重要举措等相关要素进行了评估，评估结果显示，绝大多数评估对象发布的解读材料内容上基本能够做到全面、详尽、准确，注重对文件背景依据、目标任务、主要内容、涉及范围、执行标准、注意事项、关键词诠释、惠民利民举措、新旧政策差异等方面的解读，深入浅出、通俗易懂。

5. 政策文件与解读材料的相互关联基本实现

评估结果显示，90%的省直部门、单位，81.25%的市政府和70.59%的县（市、区）政府能够将所有已经发布的政策文件和其相应的解读材料，采用在政策文件页面底部提供解读材料链接或附件下载等方式实现政策文件和解读材料的相互关联。

(二) 存在的问题

1. 部分解读材料仍然流于形式

文字解读方面，部分评估对象发布的解读材料，无非是把政策文件中的小标题进行了摘抄，解读材料内容与政策文件内容基本完全一致，未对政策背景、决策依据、出台目的、重要举措等进行解读，未起到解读的效果。

政策图解方面，政策图解本应是总结提炼政策内容，所谓"一图读懂"，就是用图解简单直观、清晰准确地传递政策相关内容，达到"一图胜千言，尽在不言中"的效果。部分评估对象却在政策图解中长篇大论，照抄照搬政策内容。

动画动漫解读方面，部分评估对象仅是将文件解读的内容，配合一些简单的图画背景，进行了完整的语音复述，或是将大段的文字内容在动漫中直接展示，其内容与文字解读无二。

2. 部分评估对象的解读比例仍有提高空间

部分评估对象存在"选择性"解读的现象，仅是对本级政府发布的规范性文件和部分政策性文件进行解读，而对一些涉及面较广、涉及群众切身利益的政策性文件，未进行有效的解读。

二 回应关切

（一）主要工作成效

1. 互动交流统一平台建设稳步推进

评估结果显示，截至2020年底，省直各部门、单位，各市政府和各县（市、区）政府均建立了统一的互动交流平台，并实现了留言评论、在线访谈、征集调查、咨询投诉等功能。

2. 咨询建言内容和反馈信息公开情况较为理想

评估结果显示，所有评估对象均能够开设留言反馈、留言选登等栏目，集中公开咨询建言的留言时间、答复时间、答复单位、答复内容等相关内容。另外，92.50%的省直部门、单位，100%的市政府和97.79%的县（市、区）政府还在互动交流栏目中公开了留言受理反馈情况统计数据。

3. 咨询建言栏目回复及时性有所改善

评估结果显示，95%的省直部门、单位，100%的市政府和94.85%的县（市、区）政府的咨询建言类栏目功能可用，留言咨询成功提交后，反馈了有效可用的查询码，随时查询留言咨询的办理状态，极大方便了公众。90%的省直部门、单位，93.75%的市政府和83.09%的县（市、区）政府能够在5个工作日内答复相关留言咨询。

（二）存在的问题

1. 部分评估对象未能及时答复公众留言

评估结果显示，7.5%的省直部门、单位，6.25%的市政府和11.76%的县（市、区）政府未能够在公众留言后15个工作日内给予答复，甚至个别基层政府截至评估数据采集结束也未予以答复。部分评估对象还存在篡改答复时间的情况，如评估工作组在某县政府咨询建言栏目发布了咨询内容，截至15个工作日，按照所给的查询码查询，一直显示"未处理"的状态，但时隔一个月后，评估工作组再次登录时，发现已经答复，且答复时间显示为留言后的5个工作日内。

2. 部分评估对象咨询建言栏目畅通性有待提升

一是部分评估对象咨询建言栏目渠道不畅通，有的是找不到咨询留言的入口；有的是要求发送手机验证码，手机却一直收不到相关短信；有的是填写完成后无法提交。

二是部分评估对象未提供咨询答复状况的实时查询功能。有的评估对象政府网站咨询栏目提交成功后，不反馈任何信息；有的反馈了办件编号和查询码，但未提供输入查询码查询办理状态的入口；还有的评估对象所提供的查询码，由于网站改版升级等原因，无法查询。

第五节　政务公开保障机制

"政务公开保障机制"指标主要从"平台建设""基础建设""组织管理"等方面，评估省直各部门、单位，各市政府和各县（市、区）政府的保障监督机制建设情况。

一　平台建设

（一）主要工作成效

1. 政府网站建设与管理进入全面提升阶段

根据第47次《中国互联网络发展状况统计报告》统计数据，截至2020年12月底，山东省共有政府网站899个。在栏目建设方面，各行政级别政府网站共开通栏目数量29.8万个，主要包括信息公开、网上办事和政务动态三种类别，其中信息公开类栏目数量最多,为21.5万个,占比为72.1%。另外,根据各级各部门发布的2020年政府网站年度报表,截至2020年12月底,省直部门、单位政府网站平均总访问量为572.83万次,市政府门户网站平均总访问量为9581.27万次,县(市、区)政府门户网站平均总访问量为1048.46万次。这充分说明了各级各部门高度重视政府网站的建设和管理工作,进入全面提升阶段,政府网站正在切实发挥政务公开第一平台的作用。

评估结果显示,40家省直部门、单位,16家市政府和136家县(市、区)政府均建有政府网站,并能够根据《政府网站发展指引》要求,提供和完善信息发布、解读回应、互动交流和办事服务等功能。站内检索方面,所有省直部门、单位,87.5%的市政府和94.12%的县(市、区)政府在政府网站提供了高级检索服务,其中,72.50%的省直部门、单位,93.75%的市政府和85.29%的县(市、区)政府实现了搜索结果的分类展现。

2. 政务新媒体由重数量向重质量转变

本次评估工作对于政务新媒体的评估,也是转变了过去重数量的指标,要求各评估对象只要开通政务微博或微信即可,且要求只要开通,就需要运维和运营好。近几年,随着县级融媒体中心的展开,部分基层政务公开的功能归入县级融媒体中心统一管理,也在一定程度上减少了政务新媒体的数量，推动政务新媒体由重数量向重质量转变。评估结果显示，基本上所有评估对象均开通了政务新媒体。

为了更深入了解各级各部门政务新媒体的运营情况，评估工作组统计了40家省直部门、单位，16家市政府和136家县（市、区）政府发布的《2020年政府网站年度报表》。

政务微博方面，由于《2020年政府网站年度报表》要求，统计数据主要是由网站主办单位保障的微博、微信账号。统计结果显示，70%的省直部门、单位，50%的市政府和58.82%的县（市、区）政府由网站主办单位开通了政务微博。其中，省直部门、单位政务微博平均信息发布量为2170.71条，平均关注量约为51.47万个；市政府政务微博平均信息发布量为3399.25条，平均关注量约为66.95万个；县（市、区）政府政务微博平均信息发布量为1625.77条，平均关注量约为4.73万个。从统计结果可以看出，市政府无论是政务微博信息发布量还是关注量，均是最高，省直部门、单位次之，县（市、区）政府最低。

政务微信方面，统计结果显示，100%的省直部门、单位，100%的市政府和77.21%的县（市、区）政府由网站主办单位开通了政务微信。其中，省直部门、单位政务微信平均信息发布数为1022.65条，平均订阅数约为24.77万个;市政府政务微信平均信息发布数为1324.69条,平均订阅数约为20.15万个;县(市、区)政府政务微信平均信息发布数为1510.58条,平均订阅数约为4.64万个。从统计数据可以看出,政务微信平均信息发布数最多的是县(市、区)政府,市政府次之,省直部门、单位最少;政务微信平均订阅数最多的是省直部门、单位,市政府次之,县(市、区)政府最少。

综合政务微博和微信的统计数据,可以看出,在开通比例方面,政务微信的开通比例远高于政务微博,表明各评估对象习惯于开通政务微信发布相关政府信息或开展政民互动活动。在信息发布数量方面,政务微博发布的信息数量多于政务微信,其原因在于:一是多数评估对象政务微信开通时间较晚,所以信息发布量较少;二是微博的信息发布有短、平、快的特点,而微信对信息发布的数量和频率均有限制,也是导致微博信息发布数量多于微信的原因之一。在关注度方面,政务微博的粉丝数多于政务微信的订阅数,一方面由于政务微博兴起较早,公众对于政务微博的关注度较高;另一方面,政务微信的宣传推广,相比较于政务微博,相对还是较弱,公众对于微信的知晓度较低。

3. 政府公报专栏建设亮点频出

根据《国务院办公厅关于做好政府公报工作的通

知》（国办发〔2018〕22号）的要求，"其他市、县级人民政府可结合实际积极探索创办政府公报，地方政府所属部门以及乡镇政府、街道办事处不办政府公报"。本次评估主要是对本年度政府公报的可获取性以及定期出版发行情况和赠阅范围说明情况，历年公报的数字化和可获取情况进行评估。

评估结果显示，所有市政府和99.26%的县（市、区）政府均发行了本级政府公报，统一刊登本级政府规章和规范性文件以及所属部门规范性文件，并建立了政府公报专栏。其中，75%的市政府和75.74%的县（市、区）政府能够按照要求，在政府网站首页设立政府公报专栏链接。所有市政府和86.03%的县（市、区）政府在政府公报专栏中明确了纸质版政府公报赠阅范围。

发行周期方面，所有市政府基本能够按照月度（一年超过4期）发行；8.82%的县（市、区）政府基本按照月度发行，60.29%的县（市、区）政府按照季度发行，26.47%的县（市、区）政府按照半年发行。

其他方面，87.50%的市政府和61.03%的县（市、区）政府提供政府公报的目录导航和内容检索服务；部分评估对象还能够适应移动互联网发展趋势，推出适合移动平台展示的电子版，如济南市济阳区开发建设了"济南市济阳区人民政府公报"小程序，提供了手机版的政府公报查阅和查询功能。

（二）存在的问题

1. 部分评估对象政府网站与政府信息公开平台"两张皮"

评估发现，部分评估对象政府网站建设与政府信息公开平台建设脱节。通过对站内检索的评估可以发现，有部分政府信息公开平台发布的内容，在站内检索中却检索不到；反过来，政府信息公开平台的检索仅能够检索政府信息公开平台的内容。

2. 政务新媒体亟待统一规范管理

随着AI、5G等新技术的不断涌现，政务新媒体的发展也取得了较大的成效。但在政务新媒体的监管方面仍然存在一些问题，如新媒体信息更新频率慢、信息发布随意、公众号命名不统一、信息只重数量等，阻碍了政务新媒体的进一步发展。另外，当前多数地方政府对于政务新媒体的考核评价，还过度注重阅读数、点赞数等。下一步需要通过搭建新媒体统一监管平台，对辖区内的政务新媒体进行统一监测与管理，对新媒体信息发布、健康性、影响力等方面进行日常监测。

在信息更新方面，部分评估对象未能按《政府网站与政务新媒体检查指标》要求，两周内更新内容，如某省直部门的微信公众号最新信息为2018年1月23日发布的信息，3年未更新任何信息。

在新媒体命名方面，省直部门、单位多以部门名称命名政务新媒体，有的以部门简称命名，如"山东发改""山东科技"等；有的以部门全称命名，如"山东省住房和城乡建设厅""山东省交通运输厅"等；有的是部门简称+发布方式命名，如"山东教育发布"等；还有的是以领域特色命名，如"鲁水微风"。市政府多以市名称+其他内容命名，有的以市政府+发布命名，如"枣庄发布""烟台发布"等；有的以市政府+政务命名，如"济南政务""济宁政务"等；还有的以市政府+政府网命名，如"青岛政务网""东营政务网"等。县（市、区）政府命名方法更加多样化，除了采用与市政府相同的命名方式外，还有的县（市、区）政府以地方特产命名，如"蒜都民生""金都招远""梨乡莱阳"等。《国务院办公厅关于推进政务新媒体健康有序发展的意见》（国办发〔2018〕123号）明确要求，主办单位在不同平台上开设的政务新媒体名称原则上应保持一致，评估发现，有不少评估对象的政务微博和微信的名称完全不一致。

3. 政府公报要进一步加强内容管理

《国务院办公厅关于做好政府公报工作的通知》（国办发〔2018〕22号）要求，缩短出刊周期，优化出刊方式，提高公报时效性。在确保行政法规、规章和规范性文件应登尽登的基础上，政府公报还可刊登发文机关配套解读材料等。需要说明的是，这里对于缩短出刊周期的要求，是在实事求是，结合实际工作的前提下。评估发现，部分县（市、区）政府为了追求发布频次，盲目缩短出刊周期，有的甚至每期仅有1个文件或是空刊，这完全有悖于政府公报的出刊意义和初衷，在一定程度上也严重影响了政府公报的权威性。

二 基础建设

（一）主要工作成效

1. 政府信息公开平台建设逐步规范

评估结果显示，截至2020年10月底，82.50%的省直部门、单位，100%的市政府和82.35%的县（市、区）政府的公开平台根据国办公开办函〔2019〕61号推荐的版面设计格式进行了调整；77.50%的省直部门、单位，100%的市政府和91.18%的县（市、区）政府的公开平台中全面涵盖了政府信息公开指南、政府信息公开制度、法定主动公开内容和政府信息公开工作年度报告，政府信息公开平台建设逐步规范。

2. 主动公开基本目录有序推进

编制和运用主动公开基本目录是推进政务公开工

作制度化、标准化的关键之一,也是推动主动公开工作落实、落细的基础内容。评估结果显示,90%的省直部门、单位,93.75%的市政府和93.38%的县(市、区)政府在政府网站及时公开了主动公开基本目录,并动态调整更新,基本明确了各公开事项的主体、内容、时限、方式等。

3. 基层政务公开标准化规范化工作开展顺利

县级政府方面,评估结果显示,截至2021年1月底,98.53%的县(市、区)政府在门户网站发布了本级政府基层政务公开事项标准目录,其中,88.24%的县(市、区)政府发布了26个领域(未涉及的领域提供了说明)的基层政务公开事项标准目录。县级政府基本已完成本级基层政务公开事项标准目录。

乡镇(街道)方面,评估结果显示,截至2021年1月底,98.30%的乡镇(街道)在上一级政府门户网站发布了本级基层政务公开事项标准目录,其中,51.50%的乡镇(街道)发布了26个领域(未涉及的领域提供了说明)的基层政务公开事项标准目录。

(二)存在的问题

1. 部分评估对象的法定主动公开内容栏目设置指标化

评估发现,部分评估对象的法定主动公开内容栏目设置方面存在指标化现象,特别是市、县(市、区）政府，18.75%的市政府和16.18%的县（市、区）政府直接将"市政建设、公共服务、公益事业、土地征收、房屋征收、治安管理、社会救助"等作为栏目名称去设置。这样设置栏目，不仅打乱了原有的法定主动公开内容的完整性，而且还造成了栏目定位和逻辑关系的混乱，如有的评估对象在"公益事业"栏目下又放置了社会救助信息，而本身"社会救助"就是与"公益事业"并列的栏目。

2. 主动公开基本目录内容需进一步细化

评估发现，虽然多数评估对象均发布了本机关的主动公开基本目录，但在内容上还需进一步细化。如部分评估对象的主动公开基本目录中公开时限全部规定为"政府信息形成或者变更之日起20个工作日内"；部分评估对象责任主体多显示为"相关部门"，未明确到具体的责任部门；部分评估对象主动公开基本目录内容完全照搬照抄指标体系相关内容，未能根据本地区实际，认真梳理相关主动公开内容。

3. 部分基层政府政务公开事项标准目录的编制和发布有待进一步完善

部分基层政府事项梳理不够全面，主要表现在：部分基层政府缺少部分领域的标准目录，且未做说明或说明不明确；部分领域的标准目录中事项不全，有的甚至仅有1项或2项内容；部分基层政府的标准目录存在相互抄袭现象。

部分基层政府编制标准目录"上行下效",主要表现在:部分基层政府所有领域的基层政务公开事项标准目录全部照搬照抄国务院各部门发布的标准指引;部分基层政府未注意各领域标准目录之间的逻辑内容边界。

部分基层政府将主动公开基本目录和基层政务公开事项标准目录的概念混淆,将按部门发布的主动公开基本目录作为基层政务公开事项标准目录。

部分标准目录中的要素不全面或不准确,主要表现在:部分基层政府发布的标准目录中所列的公开依据不全面;部分基层政府发布的标准目录中所列的公开渠道过于单一;个别县(市、区)政府所辖的乡镇(街道)中,不同乡镇(街道)的同一个要素的同一个内容表述不一致,这显然与标准化的初衷有所背离。

三 组织管理

(一) 主要工作成效

1. 多数评估对象能够公开明确分管领导和工作承担机构

评估结果显示,所有评估对象均明确了政务公开分管领导和工作机构。大多数评估对象都在政府网站领导信息的具体分工中明确了具体分管政务公开的领导，在机构设置中明确了具体承担政务公开工作的机构名称。

2. 政务公开业务培训开展情况较好

评估结果显示，70%的省直部门、单位，93.75%的市政府和94.12%的县（市、区）政府能够发布本级政府或本部门的政务公开业务培训计划，并按照计划开展或参加政务公开业务培训。

3. 多数评估对象能够发布2020年度政务公开工作实施方案或工作安排

评估结果显示，93.75%的省直部门、单位，100%的市政府和95.59%的县（市、区）政府及时发布了政务公开年度工作安排或实施方案，并能够与本部门、本地区业务实际紧密结合。

（二）存在的问题

1. 政务公开年度业务培训计划雷同率较高

评估发现，年度业务培训计划雷同率较高，部分评估对象发布的2020年度政务公开业务培训计划内容完全一致；部分评估对象的年度培训计划发布时间较晚，如某县级政府12月发布当年度的政务公开业务培训计划；部分评估对象的政务公开培训计划应付了事，如某县政府发布的《2020年政务公开工作培训计划》中要求"一方面总结2017年度工作、安排部署2018年度工作"。

2. 基层政府缺少专项业务培训内容

评估发现,多数评估对象开展的政务公开培训内容基本上以评估指标培训、考核应对推进等为主,而对于政务公开基本内容、依申请公开难点、政务公开专项领域发布、舆情应对、政策解读、重大行政决策程序等具体业务工作的专项培训开展较少,培训内容有待进一步丰富。

3. 部分评估对象年度工作实施方案仍有待完善

年度政务公开工作实施方案是各级政府部署全年政务公开工作的文件,应当在上级发布之后及时发布,增强实施方案的时效性。评估发现,部分基层政府年度工作实施方案发布时间在10月或12月以后。部分评估对象制订并发布的工作实施方案与本地实际结合不够紧密、针对性不强;部分评估对象的实施方案大而空,过于宏观,没有具体的实际内容,也没有体现年度政务公开工作的重点内容。

第四章　深化政务公开工作的建议

第一节　抓好基础工作，加大政府信息主动公开力度

政务公开工作涉及面广、政策性强、推进难度大，不同于一般的事务性工作，是一项系统性较强的工作，需从基础抓起，逐步深入。理顺工作机制，健全工作机构，配齐配强工作人员，将工作经费纳入年度预算，确保政务公开工作有机构推进、有人员落实、有经费保障。将政务公开列入各级领导干部培训和公务员初任培训课程体系，分级分类做好培训组织。着力构建全领域、多层级、清单式的主动公开基本目录体系，一体化推进全省各级政府信息主动公开工作。稳步推进统一政府信息公开平台建设，加强行政法规、规章、规范性文件等重点政府信息公开，根据"立改废释"情况及时梳理现行有效的行政法规清单，通过法定权威渠道集中

统一对外公开，便于公众查询获取，促进政策有效执行。进一步加强和改进上级机关对下级机关的政策发布和传达工作，注重对基层一线政策执行人员开展政策解读和培训。围绕山东省"十四五"规划和2035年远景目标，聚焦推动高质量发展、八大发展战略、九大改革攻坚、"六稳"、"六保"、保障和改善民生、法治建设等方面，全面提升政务公开质量和实效。

第二节 固化经验做法，打造山东政务公开特色品牌

政务公开关乎政府的法治形象、诚信形象、责任形象、效能形象和创新形象，政务公开特色品牌既具有商业品牌的一般特征和功能，又保持了自身的明显特点。各级各部门应在做好基础工作的前提下，针对山东省政务公开中的共性难题，积极调研，深入探索，形成一批既有理论高度又能解决实际问题的理论成果。通过科学合理的政务公开品牌规划和管理，对在政务公开工作实践中涌现出的典型案例，进行提炼总结，把好的经验做法固化下来，加大理论研究和成果转化力度，打造具有山东特色的政务公开品牌，切实发挥品牌效应，进一步整体提升山东省政务公开工作在全国的影响力。

第三节 强化标准意识，健全基层政务公开标准体系

2021年《山东省政府工作报告》中提出："扎实推进基层政务公开标准化规范化。"下一步要强化标准引领，尽快研究并制定涉及主动公开、依申请公开、基层政务公开事项标准目录编制、政府信息公开工作年度报告编制、政务公开评估考核等一系列地方标准，探索建立全省统一、覆盖基层政府行政权力运行全过程和政务服务全流程的基层政务公开地方标准体系。省级层面主要是研究并制定组织领导、机构人员设置、主动公开基本规范、依申请公开工作规范、公开指南和年度报告编写规范、平台建设规范等，形成地方标准。市级层面主要是对地方标准的宣贯和指导落实，并注重收集基层政府在地方标准实施过程中遇到的困难和难题，及时反馈。县（市、区）层面主要是在地方标准的规范下，进一步细化相关领域政务公开标准目录，具体做好线上线下的发布、解读、回应等工作，并指导乡镇（街道）做好基层政务公开标准化规范化工作。乡镇（街道）层面，因地制宜地拓宽公开渠道，探索适应本地区的公开方式，积极推动基层政务公开标准化规范化向农村和社区延伸，使政务公开与

村（居）务公开有效衔接、协同发展。

第四节 注重实质解读，提升政策发布解读回应水平

要进一步加强和改进政策发布解读回应工作，凡是以政府、政府办公厅（室）或部门名义印发的政策性文件和规范性文件，要切实做到文件与解读方案、解读材料同步组织、同步审签、同步部署，并做好政策文件与解读材料的相互关联。要更加注重对政策背景、出台目的、重要举措等方面的实质性解读。基层政府要及时转载国务院、省政府、市政府发布重大政策的相关权威解读，具体牵头部门（单位）要注重与上级部门（单位）主动对接，按照政策文件与解读方案同时索取、同时宣传、同时执行的要求，充分发挥政府网站、政务微博微信、广播电视、新闻报刊等媒介的传播作用，抓好重大政策信息的解读宣传。积极运用电视问政、网络问政、媒体专访、座谈访谈、撰写文章、简明问答、政策进社区等多种方式，结合政策自身特点、内容和受众等，合理选择图片图表、音频视频、卡通动漫等群众喜闻乐见的展现形式，多用客观事实、客观数据、生动案例，进行立体式、多方位解读，真正让群众看得到、能理解。进一步强化政务舆

情回应，落实政务舆情回应责任，增强回应的主动性、针对性、有效性，确保在应对重大突发事件及社会热点事件时不失声、不缺位，保持正确的舆论导向。

第五节　坚持绩效并重，优化评估考核工作方式方法

政务公开评估考核不是目的，问责也不是目的，真正的目的是作为促进各级各部门政务公开工作的手段，"为民公开"才是政务公开的最终目的。下一步考核评估工作要看"一贯"，而非看"一时"，绝不能只有"绩"而无"效"。对重大决策预公开、会议公开、年度报告、财政收支、空气质量、水环境质量、社会救助、社会福利等具有明显时效性的指标，要加强日常监测或不定期的抽查评估，避免出现"唯指标""应试"等倾向。进一步完善差异化评估考核机制，根据省直部门、单位的职责边界、工作性质和服务群体等，以及各市、各县（市、区）发展实际，合理化设置差异化的指标体系，实施差异化的考核评估。指标评分方法方面，鼓励各级各部门在公开内容、公开方式和公开渠道上创新，优化实施更加科学、合理的"横向比较"评分机制，真正实现"以评促建、以评促改、以评促优"的目的。

下 篇

专题报告

第五章　山东省各级政府信息公开平台规范性评估报告

政府信息公开平台，是发布法定主动公开内容的公开平台，也是加强重点政府信息管理的管理平台。《2020年政务公开工作要点》（国办发〔2020〕17号）明确提出"2020年底前，各级政府及其部门建设完成政府信息公开平台，法定主动公开内容全部公开到位"。为提前谋划、打好基础，受山东省人民政府办公厅委托，本书开展了2020年山东省各级政府信息公开平台规范性评估工作，旨在各级政府及其部门以政府信息公开平台为依托，推动公开内容进一步聚焦重点政府信息，公开方式更加统一规范，加快推进全省政务公开标准化规范化进程。

第一节 "政务公开"与"政府信息公开"栏目的关系

《中华人民共和国政府信息公开条例》（以下简称《条例》）的颁布实施，是政府信息公开工作纳入法制化轨道的重要标志。2016年，中共中央办公厅、国务院办公厅印发了《关于全面推进政务公开工作的意见》（以下简称《意见》），部署全面推进各级行政机关政务公开工作。《条例》确定了"政府信息"的含义，而现行所有的法律、法规和规范性文件均未对"政务公开"的内涵和外延做出明确界定，所以引发了社会各界对于"政务公开"和"政府信息公开"之间关系的探讨。无论对两者之间关系怎样去分析，有一点是较为公认和明确的，那就是政务公开的核心是信息公开，因为政务公开大多要以信息的形式呈现，否则难以对外展现和传播。

正是由于对两者概念的争论和探讨，各级政府网站在"政务公开"和"政府信息公开"栏目的设置方面也是五花八门，但没有所谓绝对的"对"或"错"，仅是各行政机关在概念理解和网站建设需求方面的不同所造成的。

《政府网站发展指引》（国办发〔2017〕47号）

（以下简称《指引》）中提出：政府网站的功能主要包括信息发布、解读回应和互动交流，政府门户网站和具有对外服务职能的部门网站还要提供办事服务功能。其中，对"信息发布"的界定是"各地区、各部门要建立完善政府网站信息发布机制，及时准确发布政府重要会议、重要活动、重大决策信息"。并且将"信息公开指南、目录和年报"作为信息发布内容的一部分。

《国务院办公厅政府信息与政务公开办公室关于规范政府信息公开平台有关事项的通知》（国办公开办函〔2019〕61号）要求：政府信息公开平台，原则上以各行政机关网站已有的《政府信息公开》《政务公开》等栏目为依托，不另设专门栏目，不得设立专门网站。目前，各级政府网站均是根据国办发〔2017〕47号和国办公开办函〔2019〕61号开发建设政府网站的政务公开和政府信息公开有关栏目。

从整体上看，各级政府网站"政务公开"和"政府信息公开"栏目的关系主要包括以下四种。

第一种是《政府信息公开》是《政务公开》或《政务》的二级栏目，如北京、上海、内蒙古、浙江等（所有省级政府网站的栏目建设情况查看时间为2020年7月底），这也是目前大多数省级政府网站的设置方式。因为《政府信息公开》专栏是网站的二级栏目，公众需要先打开《政务公开》栏目，才能找到《政府信息公开》栏目，显然不符合信息检索的"最小努力原则"，所以目前大多数省级政府在政府网站首页又设置了《政府信息公开专栏》的链接。

第二种是《政府信息公开》或《信息公开》是一级栏目，网站没有设置具体的《政务公开》栏目，如山西、江苏、海南、四川等。这类网站将政府信息公开视为信息发布功能的主要部分，注重法定内容的主动公开，严格贯彻《条例》要求。

第三种是《政府信息公开》是《政策》的二级栏目，如福建、陕西等，这与"中国政府网"的设置相一致。这类网站主要是以政府信息公开平台为依托，推动公开内容进一步聚焦公开法律、法规、规章、规范性文件等重要政府信息，能够有效提升公开的"含金量"。

第四种是将"政府信息公开"和"政务公开"视为同一概念，可以相互替代，如江西、重庆等。这类网站一级栏目为《政务公开》，打开后直接显示为《政府信息公开》平台，此种情况较为典型地反映了规范性文件自上而下推动政务公开和《条例》规范调整信息公开的双重要求和需要。

政府网站的这四种栏目设置方式，各有各的优势和依据，同时也反映出各级各部门对于政务公开和政府信息公开之间关系的不同理解和阐释，没有"好"与"不好"之分，无论哪种方式，只要能够切实发挥好政务公开第一平台作用即可。综合考虑，笔者更倾向于第一种设置方式，原因有以下几点。

一方面，从《指引》对政府网站的要求看，其中的信息发布、解读回应、政务服务和互动交流等功能具体要求与政务公开的要求相一致，但从目前大多数的政府网站看，政务服务和互动交流都是单独的一级栏目，信息发布和解读回应一般是归到同一个一级栏目下，从而形成了公开、解读、回应的三位一体格局，与政务公开的要求是一致的。

另一方面，国办公开办函〔2019〕61号统一规范了政府信息公开平台，其中，政府信息公开制度中并未将《意见》纳入，且法定主动公开内容主要是以《条例》第二十条规定的共性基础内容为主，也就是说，政府信息公开平台中并未将数据开放、政策解读、回应关切等政务公开的典型内容明确涵盖在内。

第二节 政府信息公开目录系统和法定主动公开内容栏目的关系

组织编制本行政机关的政府信息公开目录，是新修订的《条例》规定的政府信息公开工作机构的具体职能之一。同时要求政府信息公开目录包括政府信息的索引、名称、内容概述、生成日期等内容。政府信息公开目录是依法对社会主动公开的政府信息按照一定的编排体系编制而成的信息条目的汇总，其作用是为方便公民、法人或其他组织查阅和利用政府信息，同时也便于申请者递交政府信息公开申请。

2008年4月30日下午5点，国务院办公厅的政府信息公开目录专栏在中国政府网正式上线。国务院办公厅的政府信息公开目录采用主题分类方法，将公开的政府信息划分为22个类别，在各类别下分别显示包括索引号、发文机关、发文日期、名称、文号等元数据的信息条目，并提供了按年度编排的政府信息公开目录。虽然《条例》要求政府信息公开目录包括内容概述，但内容概述一直是目录编制的一个难点，目前中国政府网发布的按年度编排的政府信息公开目录中也未明确此内容。

2009年初，国务院办公厅秘书局发布了《政府信息公开目录系统实施指引（试行）》（国办秘函〔2009〕6号），结合国务院办公厅编制政府信息公开目录的实践，指导各级政府加强政府信息公开目录系统建设，逐步形成统一的政府信息公开平台。此后，各级政府及其部门普遍在政府网站建立了包含政府信息公开指南、政府信息公开目录、政府信息公开年报等的政府信息公开专栏，一直延续至今。

实际上以往政府网站的《政府信息公开目录》栏目可以看作政府信息的电子目录，也就是包含了基本的目录和具体的正文信息，并且提供目录导航或多种分类方式的浏览，既可以展示目录列表，也可以展示目录的正文。相比于纸质版目录，有着较为明显的优势。中国政府网的《政府信息公开目录》专栏实际上就是政府信息的电子目录，而国务院办公厅提供的按年度编排的目录实际上则是与纸质版目录一致的PDF电子版形式。

随着所有政府网站均建设了政府信息公开目录系统，由于一直以来缺乏统一的建设标准、分类标准、功能要求和页面设计规范，导致了各行政机关政府信息公开目录形式各样、分类各异，甚至是同一级政府的不同部门，政府信息公开目录形式和分类都不一致，如"负责人信息"有的分类为"领导信息"，有的分类为"局领导"或"厅领导"，也有的分类为"领导之窗"，分类名称各不相同。《条例》第二十四条明确规定："各级人民政府应当加强依托政府门户网站公开政府信息的工作，利用统一的政府信息公开平台集中发布主动公开的政府信息。政府信息公开平台应当具备信息检索、查阅、下载等功能。"

为解决各级政府信息公开平台建设不统一的问题，

国务院办公厅政府信息与政务公开办公室在2019年底印发了《国务院办公厅政府信息与政务公开办公室关于规范政府信息公开平台有关事项的通知》（国办公开办函〔2019〕61号），要求统一名称、统一格式，规范政府信息公开平台设置，提升主动公开工作实效，加强政府信息管理。将政府信息公开平台内容规范为政府信息公开指南、政府信息公开制度、法定主动公开内容和政府信息公开工作年度报告四部分，并给出了"政府信息公开栏目页面设计参考方案"。

从目前各级各部门的政府网站建设情况来看，大多数已经按照国办公开办函〔2019〕61号要求，完成了政府信息公开平台的改版完善，但与此同时，部分的政府网站依旧保留着《政府信息公开目录》栏目，主要原因是国办公开办函〔2019〕61号未明确原有的"政府信息公开目录"系统或栏目与新要求的"法定主动公开内容"之间的关系。

笔者认为，过去政府网站的《政府信息公开目录》栏目实际上是《条例》要求的政府信息公开目录的电子版，也就是政府信息的电子目录或政府信息公开目录系统，与目前政府信息公开平台法定主动公开内容在栏目定位和内容发布上存在一定的交叉。国办秘函〔2009〕6号中明确目录系统主要由管理子系统和服务子系统两部分组成，其中服务子系统包括目录检索、目录分类导航、信息内容展现、目录下载打印、相关信息导引等,而相关信息导引主要是《条例》等相关法律法规和规范性文件、本行政机关的信息公开指南、公开目录简介等。对比国办公开办函〔2019〕61号提出的政府信息公开平台包括政府信息公开指南、政府信息公开制度、法定主动公开内容和政府信息公开工作年度报告四部分,实际上从某种程度看原来目录系统的目录检索、分类导航和内容展现,对应的就是政府信息公开平台的"法定主动公开内容",只是内容展示缺少了包含政府信息索引号、名称、内容概述、生成日期等的列表形式,但定位和内容上是一致的。所以笔者的建议是:现有政府网站不再保留原有的政府信息公开目录,主动公开的政府信息均在法定主动公开内容栏目下发布;另外,为满足《条例》要求编制政府信息公开目录的规定,可以提供目录下载功能,将政府信息目录按年度编排,内容涵盖政府信息的索引、名称、内容概述、生成日期等。

第三节 评估工作与评估指标

一 评估依据

本次评估的依据主要包括但不限于以下内容:

· 《中华人民共和国政府信息公开条例》(2007

年 4 月 5 日中华人民共和国国务院令第 492 号公布 2019 年 4 月 3 日中华人民共和国国务院令第 711 号修订）

· 《国务院办公厅政府信息与政务公开办公室关于政府信息公开工作年度报告有关事项的通知》（国办公开办函〔2019〕60 号）

· 《国务院办公厅政府信息与政务公开办公室关于规范政府信息公开平台有关事项的通知》（国办公开办函〔2019〕61 号）

· 《国务院办公厅关于印发政府网站发展指引的通知》（国办发〔2017〕47 号）（以下简称《指引》）

· 《国务院办公厅关于印发 2020 年政务公开工作要点的通知》（国办发〔2020〕17 号）

· 《山东省人民政府办公厅关于印发 2020 年山东省政务公开工作要点的通知》（鲁政办字〔2020〕78 号）

二 评估对象

本次评估对象为 40 家省直部门、单位（包括组成部门、直属特设机构、直属机构、部门管理机构、部分省属事业单位和中央驻鲁单位），16 家市政府和 136 家县（市、区）政府。

三 评估时间

本次评估数据采集时间为 2020 年 7—9 月。

四 评估指标

评估指标采用五级树形结构,包括五个一级指标:"政府信息公开专栏设置规范性""政府信息公开指南""政府信息公开制度""法定主动公开内容""政府信息公开工作年度报告"。

(一)省直部门、单位

省直部门、单位的政府信息公开平台规范性评估指标体系如表 5-1 所示。

表 5-1　政府信息公开平台规范性评估指标体系
（省直部门、单位版）

一级指标	二级指标	三级指标	四级指标	评估对象
政府信息公开专栏设置规范性			是否在网站首页位置展示,并命名为"政府信息公开"	所有部门
			是否涵盖政府信息公开指南、政府信息公开制度、法定主动公开内容和政府信息公开工作年度报告	
			页面设计是否根据国办公开办函〔2019〕61号推荐的版面设计格式进行了调整	

续表

一级指标	二级指标	三级指标	四级指标	评估对象
政府信息公开指南	可获取性	公开情况	是否在政府网站公开本部门政府信息公开指南	所有部门
			是否提供政府信息公开申请表下载	
		更新性	是否及时更新并标注更新日期	
	内容完整性	主动公开政府信息情况	是否说明主动公开政府信息的分类和编排体系	
			是否说明主动公开政府信息的获取方式（包括公开形式、公开时限等）	
		依申请公开政府信息情况	是否说明提出申请的方式（依申请公开受理渠道说明）	
			是否说明申请处理的情况，并公开本机关处理政府信息公开申请流程图	
			是否说明依申请公开的收费标准	
			是否说明政府信息公开申请受理机构的名称、办公地址、办公时间、联系电话、传真号码、互联网联系方式等信息	
		政府信息公开工作机构信息	是否说明政府信息公开工作机构的名称、办公地址、办公时间、联系电话、传真号码、互联网联系方式等信息	
		监督与救济渠道	是否说明监督与救济渠道信息，包括监督与救济渠道的机构名称、电话、传真、邮箱、办公地址、邮政编码、接待时间等信息	

续表

一级指标	二级指标	三级指标	四级指标	评估对象
政府信息公开制度			是否发布了《中华人民共和国政府信息公开条例》	所有部门
			是否发布了政府信息公开方面的地方性法规、自治条例、单行条例、规章	
			是否发布了全国政府信息公开工作主管部门发布的法规解释性文件	
			是否有其他非所要求的制度性文件发布	
法定主动公开内容	《条例》第二十条要求的法定主动公开内容	履职依据	是否公开了本部门制定及负责执行的行政法规、规章和规范性文件	所有部门
		机构职能	是否公开了本机关职能、机构设置、办公地址、办公时间、联系方式、负责人姓名（包括内外机构负责人信息、职责职能）	
		领导信息	是否公开了本机关负责人信息，包括姓名、照片、简历、主管或分管工作等，以及重要讲话文稿	
		规划计划	是否公开了本地区国民经济和社会发展规划、专项规划、区域规划及相关政策	
		统计信息	是否公开了本地区国民经济和社会发展统计信息	省统计局
		行政许可	是否公开了本机关办理行政许可和其他对外管理服务事项的依据、条件、程序以及办理结果（专栏或超链接均可）	除省退役军人厅、省外办、省国资委、省大数据局、省信访局、省监狱局外
		行政处罚和行政强制	是否公开了本机关实施行政处罚、行政强制的依据、条件、程序以及本行政机关认为具有一定社会影响的行政处罚决定（专栏或超链接均可）	

续表

一级指标	二级指标	三级指标	四级指标	评估对象
		财政预算决算	是否公开了本部门的财政预决算信息	所有部门
		行政事业性收费	是否公开了本地区行政事业性收费项目及其依据、标准	省财政厅
		政府集中采购	是否公开了本地区政府集中采购项目的目录、标准及实施情况	
		重大建设项目批准和实施情况	是否公开了本地区重大建设项目的批准和实施情况	省发展改革委、省工业和信息化厅、省住房和城乡建设厅、省自然资源厅、省生态环境厅、省交通运输厅、省水利厅
		重点民生领域	是否公开了本地区扶贫、教育、医疗、社会保障、促进就业等方面的政策、措施及其实施情况	省农业农村厅、省教育厅、省卫生健康委、省医保局、省人力资源和社会保障厅
		应急管理	是否公开了本地区突发公共事件的应急预案、预警信息及应对情况	省应急厅
		监督检查	是否公开了本地区环境保护、公共卫生、安全生产、食品药品、产品质量的监督检查情况	省生态环境厅、省卫生健康委、省应急厅、省市场监管局、省药监局
		公务员考录	是否公开了本机关公务员招考的职位、名额、报考条件等事项以及录用结果	所有部门

续表

一级指标	二级指标	三级指标	四级指标	评估对象
政府信息公开工作年度报告	可获取性	2019年年度报告	是否发布了本部门2019年政府信息公开工作年度报告	所有部门
			是否可在线浏览、复制或下载	
		历年年度报告	是否发布2008—2018年历年政府信息公开工作年度报告	
			是否设置专门栏目集中发布	
	发布时效性	本部门	是否在2020年1月31日前发布	
	内容全面性	发布格式	是否按照国办公开办函〔2019〕60号要求的格式模板发布	
		总体情况	是否包括《政府信息公开条例》第二十条规定的法定主动公开内容	
			是否包括年度依申请公开情况	
			是否包括年度政府信息管理情况	
			是否包括年度政府信息公开平台、机构建设和人员情况	
			是否包括年度政务公开工作监督保障内容	
			建议提案办理结果公开情况是否纳入	
			与历年报告的雷同情况	
		行政机关主动公开政府信息情况	是否发布年度主动公开政府信息情况相关统计数据	
			统计数据是否准确	
		收到和处理政府信息公开申请情况	是否发布年度收到和处理政府信息公开申请情况相关统计数据	
			统计数据是否准确	

续表

一级指标	二级指标	三级指标	四级指标	评估对象
		因政府信息公开工作被申请行政复议、提起行政诉讼情况	是否发布年度收到和处理政府信息公开行政复议、行政诉讼情况相关统计数据	
			统计数据是否准确	
		存在的主要问题及改进情况	是否说明本机关上一年度政府信息公开工作中存在的主要问题及改进情况	
			与历年报告的雷同情况	
	形式新颖性	多样化展示	是否采用电子书、结构化展示、有声朗读等多形式展示年度报告	
		年报配图制作	是否图文并茂，增强年报的可读性	
		年报解读	是否有对年报内容的解读，包括文字、图文、动画、动漫等	
		统计数据分析	是否在年度报告中分析相关统计数据	

（二）市政府

各市政府的政府信息公开平台规范性评估指标体系如表5-2所示。

表 5-2　政府信息公开平台规范性评估指标体系（市政府版）

一级指标	二级指标	三级指标	四级指标
政府信息公开专栏设置规范性			是否在网站首页位置展示，并命名为"政府信息公开"
			是否涵盖政府信息公开指南、政府信息公开制度、法定主动公开内容和政府信息公开工作年度报告
			页面设计是否根据国办公开办函〔2019〕61号推荐的版面设计格式进行了调整
政府信息公开指南	可获取性	公开情况	是否在政府网站公开本级政府信息公开指南
			是否对本级政府、本级政府部门、单位的公开指南分级分类公开
			是否提供政府信息公开申请表下载
		更新性	是否及时更新并标注更新日期
	内容完整性	主动公开政府信息情况	是否说明主动公开政府信息的分类和编排体系
			是否说明主动公开政府信息的获取方式（包括公开形式、公开时限等）
		依申请公开政府信息情况	是否说明提出申请的方式（依申请公开受理渠道说明）
			是否说明申请处理的情况，并公开本机关处理政府信息公开申请流程图
			是否说明依申请公开的收费标准
			是否说明政府信息公开申请受理机构的名称、办公地址、办公时间、联系电话、传真号码、互联网联系方式等信息
		政府信息公开工作机构信息	是否说明政府信息公开工作机构的名称、办公地址、办公时间、联系电话、传真号码、互联网联系方式等信息
		监督与救济渠道	是否说明监督与救济渠道信息，包括监督与救济渠道的机构名称、电话、传真、邮箱、办公地址、邮政编码、接待时间等信息

续表

一级指标	二级指标	三级指标	四级指标
法定主动公开内容	政府信息公开制度		是否发布了《中华人民共和国政府信息公开条例》
			是否发布了政府信息公开方面的地方性法规、自治条例、单行条例、规章
			是否发布了全国政府信息公开工作主管部门发布的法规解释性文件
			是否有其他非所要求的制度性文件发布
	《条例》第二十条要求的法定主动公开内容	履职依据	是否公开了行政法规、规章和规范性文件
		机构职能	是否公开了本机关职能、机构设置、办公地址、办公时间、联系方式、负责人姓名（包括二级机构设置、负责人信息、职责职能）
		领导信息	是否公开了本机关负责人信息，包括姓名、照片、简历、主管或分管工作等，以及重要讲话文稿
		规划计划	是否公开了本地区国民经济和社会发展规划、专项规划、区域规划及相关政策
		统计信息	是否公开了本地区国民经济和社会发展统计信息
		行政许可	是否公开了本机关办理行政许可和其他对外管理服务事项的依据、条件、程序以及办理结果（专栏或超链接均可）
		行政处罚和行政强制	是否公开了本机关实施行政处罚、行政强制的依据、条件、程序以及本行政机关认为具有一定社会影响的行政处罚决定（专栏或超链接均可）
		财政预算决算	是否公开了本级政府和部门的财政预决算信息
		行政事业性收费	是否公开了本地区行政事业性收费项目及其依据、标准
		政府集中采购	是否公开了本地区政府集中采购项目的目录、标准及实施情况

续表

一级指标	二级指标	三级指标	四级指标
		重大建设项目批准和实施情况	是否公开了本地区重大建设项目的批准和实施情况
		重点民生领域	是否公开了本地区扶贫、教育、医疗、社会保障、促进就业等方面的政策、措施及实施情况
		应急管理	是否公开了本地区突发公共事件的应急预案、预警信息及应对情况
		监督检查	是否公开了本地区环境保护、公共卫生、安全生产、食品药品、产品质量的监督检查情况
		公务员考录	是否公开了本机关公务员招考的职位、名额、报考条件等事项以及录用结果
		市政建设	是否公开了本地区市政建设相关信息
		公共服务	是否公开了本地区公共服务相关信息
		公益事业	是否公开了本地区公益事业相关信息
		土地征收	是否公开了本地区土地征收相关信息
		房屋征收	是否公开了本地区房屋征收相关信息
		治安管理	是否公开了本地区治安管理相关信息
		社会救助	是否公开了本地区社会救助相关信息
	可获取性	2019年年度报告	是否发布了本级政府和部门2019年政府信息公开工作年度报告
			是否可在线浏览、复制或下载
		历年年度报告	是否发布2008—2018年历年政府信息公开工作年度报告
			是否设置专门栏目集中发布本级政府及部门和所辖乡镇（街道）的年度报告
	发布时效性	本级政府	是否在2020年3月31日前发布
		本级政府部门	是否在2020年1月31日前发布

续表

一级指标	二级指标	三级指标	四级指标
政府信息公开工作年度报告	内容全面性	发布格式	是否按照国办公开办函〔2019〕60号要求的格式模板发布
		总体情况	是否包括《政府信息公开条例》第二十条规定的法定主动公开内容
			是否包括年度依申请公开情况
			是否包括年度政府信息管理情况
			是否包括年度政府信息公开平台、机构建设和人员情况
			是否包括工作考核、社会评议和责任追究结果情况等监督保障内容
			建议提案办理结果公开情况是否纳入
			与历年报告的雷同情况
		行政机关主动公开政府信息情况	是否发布年度主动公开政府信息情况相关统计数据
			统计数据是否准确
		收到和处理政府信息公开申请情况	是否发布年度收到和处理政府信息公开申请情况相关统计数据
			统计数据是否准确
		因政府信息公开工作被申请行政复议、提起行政诉讼情况	是否发布年度收到和处理政府信息公开行政复议、行政诉讼情况相关统计数据
			统计数据是否准确
		存在的主要问题及改进情况	是否说明本机关上一年度政府信息公开工作中存在的主要问题及改进情况
			与历年报告的雷同情况
	形式新颖性	多样化展示	是否采用电子书、结构化展示、有声朗读等多形式展示年度报告
		年报配图制作	是否图文并茂，增强年报的可读性
		年报解读	是否有对年报内容的解读，包括文字、图文、动画、动漫等
		统计数据分析	是否在年度报告中分析相关统计数据

(三) 县（市、区）政府

县（市、区）政府的政府信息公开平台规范性评估指标体系如表5-3所示。

表5-3 政府信息公开平台规范性评估指标体系
［县（市、区）政府版］

一级指标	二级指标	三级指标	四级指标
政府信息公开专栏设置规范性			是否在网站首页位置展示，并命名为"政府信息公开"
			是否涵盖政府信息公开指南、政府信息公开制度、法定主动公开内容和政府信息公开工作年度报告
			页面设计是否根据国办公开办函〔2019〕61号推荐的版面设计格式进行了调整
政府信息公开指南	可获取性	公开情况	是否在政府网站公开本级政府信息公开指南
			是否对本级政府、本级政府部门、单位以及所辖乡镇（街道）的公开指南分级分类公开
			是否提供政府信息公开申请表下载
		更新性	是否及时更新并标注更新日期
	内容完整性	主动公开政府信息情况	是否说明主动公开政府信息的分类和编排体系
			是否说明主动公开政府信息的获取方式（包括公开形式、公开时限等）
		依申请公开政府信息情况	是否说明提出申请的方式（依申请公开受理渠道说明）
			是否说明申请处理的情况，并公开本机关处理政府信息公开申请流程图
			是否说明依申请公开的收费标准
			是否说明政府信息公开申请受理机构的名称、办公地址、办公时间、联系电话、传真号码、互联网联系方式等信息

续表

一级指标	二级指标	三级指标	四级指标
内容完整性		政府信息公开工作机构信息	是否说明政府信息公开工作机构的名称、办公地址、办公时间、联系电话、传真号码、互联网联系方式等信息
		监督与救济渠道	是否说明监督与救济渠道信息,包括监督与救济渠道的机构名称、电话、传真、邮箱、办公地址、邮政编码、接待时间等信息
	政府信息公开制度		是否发布了《中华人民共和国政府信息公开条例》
			是否发布了政府信息公开方面的地方性法规、自治条例、单行条例、规章
			是否发布了全国政府信息公开工作主管部门发布的法规解释性文件
			是否有其他非所要求的制度性文件发布
		履职依据	是否公开了行政法规、规章和规范性文件
		机构职能	是否公开了本机关职能、机构设置、办公地址、办公时间、联系方式、负责人姓名(包括二级机构设置、负责人信息、职责职能)
		领导信息	是否公开了本机关负责人信息,包括姓名、照片、简历、主管或分管工作等,以及重要讲话文稿
		规划计划	是否公开了本地区国民经济和社会发展规划、专项规划、区域规划及相关政策
		统计信息	是否公开了本地区国民经济和社会发展统计信息
		行政许可	是否公开了本机关办理行政许可和其他对外管理服务事项的依据、条件、程序以及办理结果(专栏或超链接均可)
		行政处罚和行政强制	是否公开了本机关实施行政处罚、行政强制的依据、条件、程序以及本行政机关认为具有一定社会影响的行政处罚决定(专栏或超链接均可)

续表

一级指标	二级指标	三级指标	四级指标
法定主动公开内容	《条例》第二十条要求的法定主动公开内容	财政预算决算	是否公开了本级政府和部门的财政预决算信息
		行政事业性收费	是否公开了本地区行政事业性收费项目及其依据、标准
		政府集中采购	是否公开了本地区政府集中采购项目的目录、标准及实施情况
		重大建设项目批准和实施情况	是否公开了本地区重大建设项目的批准和实施情况
		重点民生领域	是否公开了本地区扶贫、教育、医疗、社会保障、促进就业等方面的政策、措施及其实施情况
		应急管理	是否公开了本地区突发公共事件的应急预案、预警信息及应对情况
		监督检查	是否公开了本地区环境保护、公共卫生、安全生产、食品药品、产品质量的监督检查情况
		公务员考录	是否公开了本机关公务员招考的职位、名额、报考条件等事项以及录用结果
	《条例》第二十一条要求的法定主动公开内容	市政建设	是否公开了本地区市政建设相关信息
		公共服务	是否公开了本地区公共服务相关信息
		公益事业	是否公开了本地区公益事业相关信息
		土地征收	是否公开了本地区土地征收相关信息
		房屋征收	是否公开了本地区房屋征收相关信息
		治安管理	是否公开了本地区治安管理相关信息
		社会救助	是否公开了本地区社会救助相关信息

续表

一级指标	二级指标	三级指标	四级指标
政府信息公开工作年度报告	可获取性	2019年年度报告	是否发布了本级政府和部门2019年政府信息公开工作年度报告
			是否可在线浏览、复制或下载
		历年年度报告	是否发布2008—2018年历年政府信息公开工作年度报告
			是否设置专门栏目集中发布本级政府及部门和所辖乡镇（街道）的年度报告
	发布时效性	本级政府	是否在2020年3月31日前发布
		本级政府部门和乡镇（街道）	是否在2020年1月31日前发布
	内容全面性	发布格式	是否按照国办公开办函〔2019〕60号要求的格式模板发布
		总体情况	是否包括《政府信息公开条例》第二十条规定的法定主动公开内容
			是否包括年度依申请公开情况
			是否包括年度政府信息管理情况
			是否包括年度政府信息公开平台、机构建设和人员情况
			是否包括工作考核、社会评议和责任追究结果情况等监督保障内容
			建议提案办理结果公开情况是否纳入
			与历年报告的雷同情况
		行政机关主动公开政府信息情况	是否发布年度主动公开政府信息情况相关统计数据
			统计数据是否准确
		收到和处理政府信息公开申请情况	是否发布年度收到和处理政府信息公开申请情况相关统计数据
			统计数据是否准确

续表

一级指标	二级指标	三级指标	四级指标
		因政府信息公开工作被申请行政复议、提起行政诉讼情况	是否发布年度收到和处理政府信息公开行政复议、行政诉讼情况相关统计数据
			统计数据是否准确
		存在的主要问题及改进情况	是否说明本机关上一年度政府信息公开工作中存在的主要问题及改进情况
			与历年报告的雷同情况
	形式新颖性	多样化展示	是否采用电子书、结构化展示、有声朗读等多形式展示年度报告
		年报配图制作	是否图文并茂,增强年报的可读性
		年报解读	是否有对年报内容的解读,包括文字、图文、动画、动漫等
		统计数据分析	是否在年度报告中分析相关统计数据

第四节 评估结果与分析

一 总体结果与分析

(一) 省直部门、单位

省直部门、单位由于职能不同,在法定主动公开内容方面存在一定的差异性,故设置了共性指标和专项指标。评估结果显示,省直部门、单位的平均得分达到了87.3052分,基本处于良好的水平。整体成绩分布如图 5-1 所示,基本上呈菱形结构,多数省直部门、单位得分在 80 分到 90 分之间,27.5% 的省直部门、单位得分超过了 90 分。

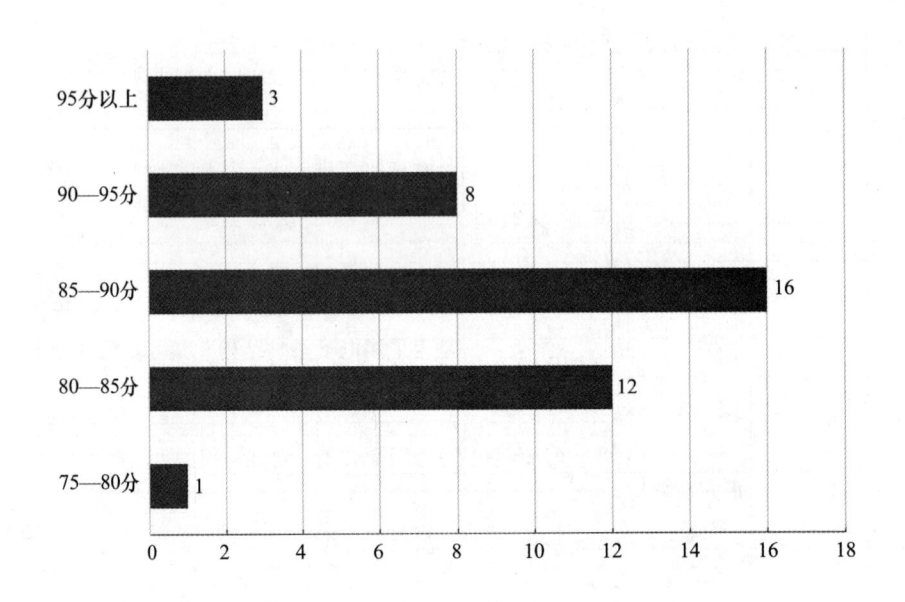

分数段	数量
95 分以上	3
90—95 分	8
85—90 分	16
80—85 分	12
75—80 分	1

图 5-1 各市政府信息公开平台规范性得分分布情况

(二) 市政府

2020 年,根据国办公开办函〔2019〕61 号要求,16 家市政府信息公开平台规范性平均得分为 96.9406 分,所有市政府的得分均高于 90 分,其中,有 14 家市政府得分高于 95 分,在政府信息公开平台规范性上明显高于省直部门、单位和县(市、区)政府。

(三) 县(市、区)政府

县(市、区)政府方面,从整体成绩看,136 家县（市、区）政府平均得分为94.1107分。整体成绩分布情况如图5-2所示，大致呈倒三角形分布，其中，55.88%的县（市、区）政府得分高于95分。这说明2020年各县（市、区）政府积极推进政府信息公开平台建设，取得了良好的成效。

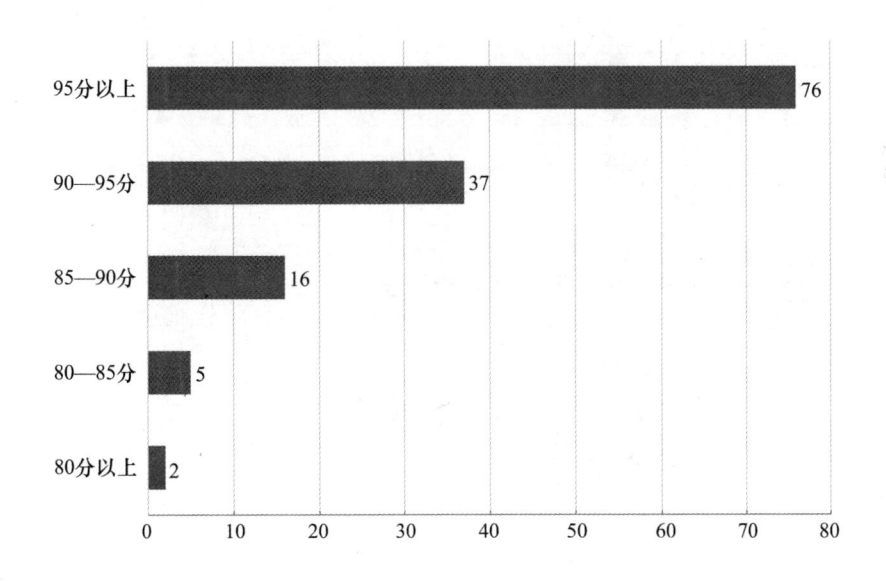

分数段	数量
95分以上	76
90—95分	37
85—90分	16
80—85分	5
80分以上	2

图5-2 各县（市、区）政府信息公开平台规范性得分分布情况

市域推进方面，整体上如图5-3所示，滨州市、济宁市、烟台市、潍坊市、德州市、济南市等平均得分高于95分，在推进各县（市、区）政府门户网站政府信息公开平台建设方面取得了良好的成效。

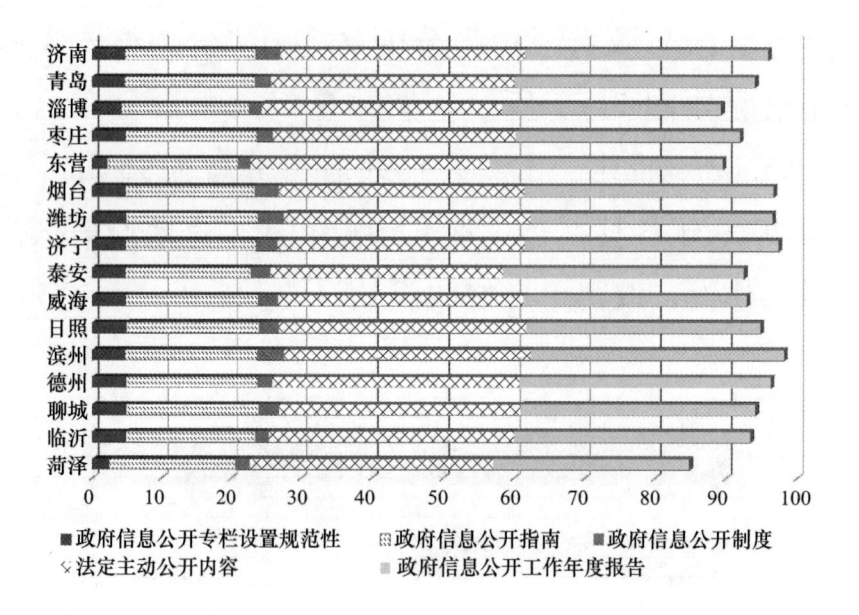

图 5-3　各市所辖县（市、区）政府信息公开平台规范性平均得分情况

二　政府信息公开专栏设置规范性

（一）主要成效

1. 大多数政府网站完成了政府信息公开平台的改版升级

评估结果显示，大多数评估对象均能够按照要求整改完善政府信息公开平台。其中，82.50%的省直部门、单位，100%的市政府和82.35%的县（市、区）政府的公开平台根据国办公开办函〔2019〕61号推荐的版面设计格式进行了调整；77.50%的省直部门、单位，100%的市政府和91.18%的县（市、区）政府的公开平台中全面涵盖了政府信息公开指南、政府信息公开制度、法定主动公开内容和政府信息公开工作年度报告。

2. 多数政府网站首页设置了政府信息公开平台链接

根据国办公开办函〔2019〕61号要求:"应当统一设置并统一命名为'政府信息公开',在网站首页位置展示。"评估结果显示,72.50%的省直部门、单位,81.25%的市政府和69.85%的县(市、区)政府在政府网站首页提供了直达政府信息公开平台的链接,并且统一命名为"政府信息公开"。

(二)存在的问题

1. 少数评估对象未完成对政府信息公开平台的全面改版

规范政府信息公开平台的主要任务就是"必须统一名称、统一格式,加强规范"。评估发现,少数评估对象未完成对平台的全面改版。如个别政府网站首页链接显示"政府信息公开目录",但实际内容却为"法定主动公开内容";个别政府网站仅是在原有政府信息公开目录和现有法定主动公开栏目之间,找到了一个对应关系,做了对应关联,而未真正地统一规范公开平台。

2. 部分栏目定位和内容存在交叉重复

根据笔者的分析,政府信息公开目录系统的目录内容展示和法定主动公开内容在一定程度上存在着交叉重复。评估发现,部分评估对象将两者同时展示在政府网站中，内容交叉重复，未明确各自定位。

3. 部分评估对象未在政府网站首页提供政府信息公开平台链接

评估发现，5%的省直部门、单位和17.65%的县（市、区）政府未在政府网站首页设置政府信息公开平台链接；20%的省直部门、单位，18.75%的市政府和12.50%的县（市、区）政府虽然设置了链接，但名称上仍未规范统一，如有的使用名称"信息公开"，有的使用"政府公开"或"政务公开"等。

三 政府信息公开指南

（一）主要成效

1. 所有评估对象均发布了本机关政府信息公开指南

组织编制本行政机关的政府信息公开指南、政府信息公开目录和政府信息公开工作年度报告是政府信息公开工作机构的具体职能之一。评估结果显示，所有的评估对象均能够在政府信息公开平台上对外发布本机关政府信息公开指南。其中，87.50%的省直部门、单位，100%的市政府和95.59%的县（市、区）政府在本机关政府信息公开指南中提供了政府信息公开申请表下载。

2. 多数评估对象能够及时更新公开指南

《条例》第十二条明确规定，行政机关编制、公布的政府信息公开指南和政府信息公开目录应当及时更新。评估结果显示，55%的省直部门、单位，93.75%的市政府和91.18%的县（市、区）政府能够及时更新政府信息公开指南，并明确标注了公开指南的更新时间。

3. 多数评估对象的公开指南内容较为完整

本次评估对公开指南内容的评估主要包括主动公开政府信息情况、依申请公开政府信息情况、政府信息工作机构信息和监督与救济渠道等方面。

主动公开政府信息情况方面，100%的省直部门、单位，100%的市政府和98.53%的县（市、区）政府在公开指南中说明了本机关主动公开政府信息的分类和编排体系。所有评估对象均说明了主动公开政府信息的获取方式，包括公开形式、公开时限等。

依申请公开政府信息情况方面，所有评估对象均说明了提出申请的方式，即提供了依申请公开受理渠道的说明。50%的省直部门、单位，100%的市政府和96.32%的县（市、区）政府说明了申请处理的情况，并提供了本机关处理政府信息公开申请流程图。100%的省直部门、单位，100%的市政府和96.32%的县（市、区）政府说明了最新的依申请公开收费标准。95%的省直部门、单位，100%的市政府和94.12%的县（市、区）政府详细说明了本机关政府信息公开申请受理机构的名称、办公地址、办公时间、联系电话、传真号码、互联网联系方式等信息。

政府信息公开工作机构信息方面，100%的省直部门、单位，100%的市政府和97.79%的县（市、区）政府详细说明了本机关政府信息公开申请受理机构的名称、办公地址、办公时间、联系电话、传真号码、互联网联系方式等信息。

监督与救济渠道方面，97.5%的省直部门、单位，100%的市政府和99.26%的县（市、区）政府在公开指南中说明了监督与救济渠道信息。其中，17.5%的省直部门、单位，75%的市政府和75%的县（市、区）政府还详细列明了监督与救济渠道的机构名称、电话、传真、电子邮箱、办公地址、邮政编码、接待时间等信息。

（二）存在的问题

1. 部分公开指南中未提供申请表下载

一般情况下，特别是"当面提交"和"邮政寄送"渠道，公开指南中均明确要求申请人填写并提交《政府信息公开申请表》，在公开指南中提供实用且易于下载填写的《政府信息公开申请表》模板，是为企业和公众提交申请提供的必要便利条件。评估发现，部分公开指南未提供《政府信息公开申请表》（Word版）的下载链接；部分公开指南仅在最后提供了扫描版或直接贴附的申请表，难以复制或下载，申请人需要对照申请表重新录入表格内容再进行填写，一定程度上造成了申请人的不便。

2. 部分评估对象公开指南内容与《条例》有出入

《条例》第十六条规定："行政机关的内部事务信息，包括人事管理、后勤管理、内部工作流程等方面的信息，可以不予公开。行政机关在履行行政管理职能过程中形成的讨论记录、过程稿、磋商信函、请示报告等过程性信息以及行政执法案卷信息，可以不予公开。法律、法规、规章规定上述信息应当公开的，从其规定。"评估发现，部分评估对象在公开指南中描述不予公开内容范围时，未明确"可以"两字，而直接表明"不予公开"。

《2020年政务公开工作要点》提出："准确适用依申请公开各项规定，从严把握不予公开范围，对法定不予公开条款坚持最小化适用原则，切实做到以公开为常态、不公开为例外。"对《条例》要求"可以"不予公开的内容，直接解释为"不予公开"，显然不符合最小化使用原则。

评估结果显示，72.5%的省直部门、单位，75%的市政府和75%的县（市、区）政府在公开指南中明确了不予公开的政府信息范围，其中仅有2.5%的省直部门、单位，6.25%的市政府和22.06%的县（市、区）政府能够将其明确为"可以不予公开"。

3. 部分公开指南内容未及时更新

根据《条例》的要求，行政机关编制、公布的政府信息公开指南和政府信息公开目录应当及时更新。

评估发现，一是部分公开指南中在依申请公开中仍保留着"除本机关主动公开的政府信息外，公民、法人或者其他组织可以根据自身生产、生活、科研等特殊需要，向本机关申请获取相关政府信息"。"三需要"要求与"公开为原则、不公开为例外"的原则相违背，且《条例》修订后已经删除了相关描述，不适宜继续留在公开指南中。

二是公开指南的编制依据中仍保留着《山东省政府信息公开办法》，实际上《山东省政府信息公开办法》随着原《条例》的失效，已经失效，不适宜再作为编制公开指南的依据之一。

三是部分公开指南中明确"不能当场答复的，自收到申请之日起15个工作日内予以答复；确需延长答复期限的，延长答复时间不超过15个工作日，并告知申请人"。这与《条例》中相关的时限要求也是不一致的。

4. 部分公开指南未明确本机关政府信息编排体系

《条例》第十二条规定：政府信息公开指南包括政府信息的分类、编排体系、获取方式和政府信息公开工作机构的名称、办公地址、办公时间、联系电话、传真号码、互联网联系方式等内容。其中，明确政府信息的分类和编排体系，能够有助于公众申请时明确政府信息的分类、索引号等。评估发现，部分公开指南中仅是说明了政府信息的分类情况，未说明编排体系。

四 政府信息公开制度

（一）主要成效

1. 绝大多数评估对象能够将《条例》纳入政府信息公开制度栏目

评估结果显示，86.67%的省直部门、单位，100%的市政府和96.32%的县（市、区）政府在政府信息公开制度中发布了《条例》，其中，60%的省直部门、单位，81.25%的市政府和68.38%的县（市、区）政府能够发布最新修订的《条例》，并且在页面中将其置顶显示。

2. 部分评估对象发布了全国政府信息公开工作主管部门发布的法规解释性文件

评估结果显示，15%的省直部门、单位，87.50%的市政府和56.62%的县（市、区）政府在政府信息公开制度中发布了较为全面的现行有效的全国政府信息公开工作主管部门发布的法规解释性文件。

3. 政府信息公开制度把握基本较为准确

国办公开办函〔2019〕61号文要求："政府信息公开制度，包括《中华人民共和国政府信息公开条例》，政府信息公开方面的地方性法规、自治条例、单行条例、规章，以及全国政府信息公开工作主管部门发布的法规解释性文件，原则上不包括其他制度文件。"评估结果显示，12.5%的省直部门、单位，31.25%的市政府和23.53%的县（市、区）政府能够严格按照要求，不发布其他非所要求的制度性文件。

（二）存在的问题

1. 部分未将《条例》文件置顶显示

《条例》是做好政府信息公开工作的基本依据和准则，为突出《条例》在政府信息公开工作中的地位，按照国办公开办函〔2019〕61号文要求，《条例》应在政府信息公开制度栏目中放在明显的位置，政府信息公开栏目页面设计参考方案将其进行了"置顶"的操作。评估发现，部分评估对象将《条例》与其他文件混合放置，未将其置顶。

2. 部分失效、废止的政府信息公开制度未及时清理

失效或废止的地方性法规、规章等需要及时清理，在政府网站公开位置进行标注。评估发现，部分评估对象放置的《条例》为已经失效的原《条例》；部分

评估对象同时放置了新修订的《条例》和原《条例》，且原《条例》未做任何失效或废止的标注；部分评估对象在政府信息公开制度中放置了《山东省政府信息公开办法》，由于《山东省政府信息公开办法》是依据原《条例》制定的，原则上随着原《条例》的失效已经失效了，建议及时进行清理。

3. 部分对政府信息公开制度的理解过于泛化

评估发现，部分评估对象在政府信息公开制度栏目中放置了国务院办公厅、省政府办公厅、市政府办公厅有关规范性文件，或是将一些内部的规章制度也放置在该栏目下，对于政府信息公开制度文件的理解过于泛化。

五 法定主动公开内容

（一）主要成效

1. 法定主动公开基本内容公开情况较为理想

评估结果显示，绝大多数评估对象在法定主动公开内容栏目中，按照《条例》第二十条的要求，将履职依据、机构职能、领导信息、规划计划、统计信息、行政许可、行政处罚和行政强制、财政预算决算、行政事业性收费等15项主动公开基本内容以目录或专题专栏的形式进行公开。

2. 市级、县级人民政府重点领域信息公开情况良好

《条例》明确要求，设区的市级、县级人民政府及其部门还应根据本地方的具体情况，主动公开涉及市政建设、公共服务、公益事业、土地征收、房屋征收、治安管理、社会救助等方面的政府信息。评估结果显示，所有的市政府和县（市、区）政府均能够按照相关要求，持续做好重点领域信息的主动公开工作。

（二）存在的问题

1. 部分领域公开标准不统一

《国务院办公厅关于印发政府网站发展指引的通知》（国办发〔2017〕47号）明确要求"发布机构设置、主要职责和联系方式等信息。在同一网站发布多个机构职能信息时，要集中规范发布，统一展现形式"。公开标准不统一，同一个单位机构职能、领导信息公开格式不一致，有的是表格固化，有的文字叙述；有的机构职能和内设机构信息放在一起，有的分成两个单独文件。

2. 多栏目现象仍然存在

一是部分评估对象在法定主动公开内容中领导信息下放置了领导分工的表格，政府网站"领导之窗"展示了领导的照片、分工、简历和重要讲话文稿等信息，但两个栏目的具体内容不一致。

二是部分评估对象政府网站的法定主动公开内容中含有政府信息公开制度、政府信息公开指南、政府信息公开工作年度报告等内容，平台中与法定主动公开内容同级栏目，而后又归属于法定主动公开内容的二级栏目，逻辑上出现混乱。

3. 法定主动公开内容的栏目设置完全照搬指标体系或《条例》要求

《条例》第二十一条规定："除本条例第二十条规定的政府信息外，设区的市级、县级人民政府及其部门还应当根据本地方的具体情况，主动公开涉及市政建设、公共服务、公益事业、土地征收、房屋征收、治安管理、社会救助等方面的政府信息；乡（镇）人民政府还应当根据本地方的具体情况，主动公开贯彻落实农业农村政策、农田水利工程建设运营、农村土地承包经营权流转、宅基地使用情况审核、土地征收、房屋征收、筹资筹劳、社会救助等方面的政府信息。"

评估发现，18.75%的市政府和16.18%的县（市、区）政府直接将"市政建设、公共服务、公益事业、土地征收、房屋征收、治安管理、社会救助"等作为栏目名称去设置。这样设置栏目，不仅打乱了原有的法定主动公开内容的完整性，而且还造成了栏目定位和逻辑关系的混乱，如有的评估对象在《公益事业》栏目下又放置了社会救助信息，而本身《社会救助》就是与《公益事业》并列的栏目。

六 政府信息公开工作年度报告

(一) 主要成效

1. 多数评估对象能按最新要求发布本级政府和部门的年度报告

评估结果显示，所有评估对象均按照《国务院办公厅政府信息与政务公开办公室关于政府信息公开工作年度报告有关事项的通知》（国办公开办函〔2019〕60号）要求的格式模板，发布了本机关的政府信息公开工作年度报告。其中，68.75%的市政府和89.71%的县（市、区）政府能够及时督促本级政府部门在2020年1月底前发布本部门政府信息公开工作年度报告。

2. 历史年度报告的存档和展示情况较好

评估结果显示，80%的省直部门、单位，87.50%的市政府和92.65%的县（市、区）政府在政府信息公开平台的政府信息公开年度报告栏目中集中发布了本机关2008—2018年历年政府信息公开工作年度报告。

3. 年度报告内容基本全面、完善

总体情况方面，95%的省直部门、单位，100%的市政府和91.91%的县（市、区）政府详细公开了《条例》第二十条规定的全部法定主动公开内容；

55%的省直部门、单位，81.25%的市政府和86.03%的县（市、区）政府总结发布了本年度政府信息管理情况；100%的省直部门、单位，100%的市政府和97.79%的县（市、区）政府的年度报告中包含了年度政府信息公开平台、机构建设和人员情况；85%的省直部门、单位，100%的市政府和96.32%的县（市、区）政府发布了本年度政务公开工作监督保障内容；50%的省直部门、单位，93.75%的市政府和92.65%的县（市、区）政府将本年度建议提案办理总体情况纳入了年度报告。

主动公开政府信息情况方面，100%的省直部门、单位，100%的市政府和97.79%的县（市、区）政府发布了年度主动公开政府信息情况相关统计数据，其中，65%的省直部门、单位，93.75%的市政府和45.59%的县（市、区）政府的数据统计准确无误。

收到和处理政府信息公开申请情况，所有省直部门、单位，市政府和县（市、区）政府均发布了年度收到和处理政府信息公开申请情况相关统计数据，其中，97.5%的省直部门、单位，100%的市政府和97.06%的县（市、区）政府的数据统计准确无误。

因政府信息公开工作被申请行政复议、提起行政诉讼情况方面，所有评估对象均发布了年度收到和处理政府信息公开行政复议、行政诉讼情况相关统计数据。

存在的主要问题及改进情况方面，92.50%的省直部门、单位，100%的市政府和97.06%的县（市、区）政府详细说明了本机关上一年度政府信息公开工作中存在的主要问题及改进情况。

4. 部分评估对象注重了对年度报告的展示和解读工作

评估结果显示，7.5%的省直部门、单位，81.25%的市政府和56.62%的县（市、区）政府除了网页直接展示年度报告以外，还采用电子书、结构化展示、有声朗读等多种形式展示年度报告。32.5%的省直部门、单位，100%的市政府和80.15%的县（市、区）政府还发布了对年报内容的解读，包括文字、图文、动画、动漫等多种形式。

（二）存在的问题

1. 部分评估对象规章和规范性文件统计数据不准确

评估发现，主动公开的统计数据中，规章和规范性文件的对外公开总数量仅统计了2019年年度新增的数量，而未包括目前在政府网站公开的历年规章和规范性文件数量。

有的县（市、区）政府年度报告统计中本年度新制作规章数量不为0。《中华人民共和国立法法》第八十二条规定：省、自治区、直辖市和设区的市、自治州的人民政府，可以根据法律、行政法规和本省、自治区、直辖市的地方性法规，制定规章。也就是说县级政府没有权限制定政府规章，所以县（市、区）政府本年度新制作规章数量均应为0。

2. 部分市、县政府未发布本级政府办公厅（室）的年度报告

国办公开办函〔2019〕60号在"县级以上人民政府部门向本级政府信息公开工作主管部门报告并向社会公布的方式及时间"中明确指出，县级以上地方人民政府办公厅（室），向社会公布本政府机关的政府信息公开工作年度报告。评估发现，75%的市政府和35.29%的县（市、区）政府未发布本级政府办公厅（室）的年度报告。

3. 部分评估对象未明确年度政府信息管理内容

根据国办公开办函〔2019〕60号文件的要求，总体情况应主要包括主动公开、依申请公开、政府信息管理、平台建设、监督保障等方面。评估发现，部分评估对象未在年度报告中明确本机关年度政府信息管理相关内容。

4. 部分评估对象行政许可、行政处罚等统计数据不准确

项目数量统计方面，部分市级政府上年度行政许

可、行政处罚等项目数量统计数据不准确，未考虑到同一事项不同地区实施的情况。山东省权责清单要求"三级四同"，同一事项不同地区实施的，原则上名称、类型、依据、编码均相同，统计项目数量时应视为一项。

处理决定数量方面，项目数量与处理决定数量是两个不同的统计项，部分评估对象将两者视为同一统计项目。其中，项目数量主要是指行政许可、行政处罚等项目的数量，而处理决定数量主要是指行政机关本年度做出的行政许可、行政处罚等结果数量，两者为完全不同的两个概念。

5. 部分评估对象年度报告存在与往年报告雷同现象

本次评估重点对年度报告存在的主要问题和改进措施等方面与历年报告的雷同情况做了详细对比评估。评估结果显示，22.5%的省直部门、单位，6.25%的市政府和16.91%的县（市、区）政府在年度政府信息公开工作中存在的问题及改进措施方面出现了与近三年年度报告雷同的情况，个别单位甚至仅修改年度，标题和内容完全一样。

6. 部分年度报告内容标准有待进一步明确

一是总体情况中，要求综述内容包括政府信息管理、监督保障等内容，但对于政府信息管理具体指向和范围要求，各评估对象理解不同，有的认为是政府信息公开人员和机构的管理，有的认为是内部公文办理系统的建设，有的认为是政策文件的统一发布平台建设和全生命周期管理的内容。

二是存在的主要问题及改进措施方面，国办公开办函〔2019〕60号要求"主要报告本机关上一年度政府信息公开工作中存在的主要问题及改进情况"。各评估对象的年度报告中存在的主要问题基本都是写的2019年的相关问题，但改进情况方面，有的写的是2019年的改进情况，有的写的是2020年的改进计划。

第五节　下一步改进建议

2021年是中国共产党成立100周年，是"十四五"规划开局之年，是开启全面建设社会主义现代化国家新征程、向第二个百年奋斗目标进军的开局起步之年。山东省政务公开工作面临着新任务、新挑战，建议重点做好以下工作。

一　规范政府信息公开平台，加强重点政府信息管理

政府信息公开平台，是发布法定主动公开内容的公开平台，也是加强重点政府信息管理的管理平台。

一是各级各部门要认真对照国办公开办函〔2019〕61号要求，依托政府网站《政务公开》《政府信息公开》等栏目，采取有力措施，切实做好政府信息公开平台的建设，力求达到统一名称、统一格式，提升政府信息公开平台的规范性；二是厘清政府信息公开目录与法定主动公开内容的关系，现有政府网站不再保留原有的政府信息公开目录，主动公开的政府信息均在法定主动公开内容栏目下发布；三是加强重点政府信息管理，特别是政策文件的管理。《优化营商环境条例》第三十八条规定："政府及其有关部门应当通过政府网站、一体化在线平台，集中公布涉及市场主体的法律、法规、规章、行政规范性文件和各类政策措施，并通过多种途径和方式加强宣传解读。"运用技术手段加强对政策文件的标准化、精细化、动态化管理，并实现权威集中公开。

二 准确把握信息公开制度，保障及时清理失效文件

中央全面深化改革领导小组第二十次会议指出，政务公开是建设法治政府的一项重要制度。政府信息公开平台的政府信息公开制度是集中展示政务公开工作基本的制度依据，需准确把握制度文件的性质，避免栏目内容的泛化。一方面，根据国办公开办函

〔2019〕61号要求，包括《中华人民共和国政府信息公开条例》，政府信息公开方面的地方性法规、自治条例、单行条例、规章，以及全国政府信息公开工作主管部门发布的法规解释性文件，原则上不包括其他制度文件。另一方面，如果制度文件失效或废止，需要及时清理，并撤下相应的制度文件，始终保持政府信息公开制度的有效性。

三 聚焦法定主动公开内容，合理设置政府信息分类

法定主动公开内容，要以《条例》第二十条规定的共性基础内容为主，认真梳理本机关主动公开基本目录，按照系统化、标准化、便民化等原则，合理设置政府信息分类。目录分类设置方面，切记"要求不是目录""指标不是目录"，不要盲目照搬《条例》要求或指标体系作为信息分类，一定要科学合理设置，方便公众查询和检索，并及时调整和落实法定主动公开内容和要求。

四 及时更新公开指南内容，确保申请受理渠道畅通

大数据时代，各级行政机关掌握的政府信息数量不一、形式各异、标准多样，并且各自都有不同的公

开范围、公开渠道以及申请方式。政府信息公开指南主要是行政机关提供政府信息公开服务在内容和程序上的说明，编制并及时更新政府信息公开指南，能够有效方便公众和企业获取政府信息，同时也是提供一个社会监督的方式和渠道。各级各部门要提高对政府信息公开指南的重视程度，定期检查公开指南的内容，并标注更新时间。当工作机构、申请渠道、通信信息等发生变化时，及时进行更新，确保政府信息公开申请受理渠道的畅通。

五　明确统计数据具体要求，编制年度报告编写指南

《国务院办公厅政府信息与政务公开办公室关于政府信息公开工作年度报告有关事项的通知》（国办公开办函〔2019〕60号）从报告内容、报告方式及时间、工作要求和格式模板等方面，给出了具体的要求，但部分细节的内容在实际编写中还存在一些概念不清晰、数据表述不明确、内容要求不具体等问题。建议各级政府根据有关要求，编制《政府信息公开工作年度报告编制指南》，并把年度报告的编写纳入年度政务公开业务培训计划，提前开展相关工作的培训。在数据统计方面，由本级政府办公厅（室）统一指导和核查，避免数据统计不准确的情况发生。

第六章　山东省全面推进基层政务公开标准化规范化研究报告

基层政务公开工作是全面推进政务公开工作的重要任务之一，也是服务群众的"最后一公里"。基层政府数量庞大，政务公开工作的效果直接关系着企业和公众的获得感，基层政务公开标准模糊、公开随意性大、公开内容质量不高、公开平台不统一、解读回应不到位、办事服务不透明等问题一直困扰着基层政府。

2016年11月，国务院办公厅印发了《〈关于全面推进政务公开工作的意见〉实施细则》，明确提出推进基层政务公开标准化规范，探索适应基层特点的公开方式，通过两年时间形成县乡政府政务公开标准规范，总结可推广、可复制的经验。2017年5月，国务院办公厅印发了《开展基层政务公开标准化规范化试点工作方案》，确定在北京市、安徽省、陕西省等15个省份的100个县（市、区），重点围绕城乡规划、重大建设项目等25个方面开展基层政务公开标准化规范化试点工作。同年10月，山东省政府办公厅印发了《开展基层政务公开标准化规范化试点工作实施方案》，确定在全省17市的30个县（市、区）（以下称试点单位），重点围绕城乡规划、重大建设项目等25个方面开展政务公开标准化试点工作。

2019年12月，国务院办公厅在总结100个县（市、区）积极开展基层政务公开标准化规范化试点工作成果的基础上，印发了《国务院办公厅关于全面推进基层政务公开标准化规范化工作的指导意见》（国办发〔2019〕54号），对全面推进基层政务公开标准化规范化工作做出部署。2020年5月，山东省政府办公厅印发《山东省人民政府办公厅关于全面推进基层政务公开标准化规范化工作的实施意见》（鲁政办发〔2020〕11号），对全面推进基层政务公开标准化规范化工作进行安排部署，确定到2023年基层政府全面完成各项目标任务，建成政务公开标准体系，政务公开能力和水平大幅提升。

第一节 有关概念的辨析

一 政务公开与政务服务的关系

政务服务和政务公开存在统一的一个问题，就是现行所有的法律、法规和规范性文件均未对"政务服务"和"政务公开"的内涵外延做出明确界定，这也是导致目前对于政务公开与政务服务关系争论的重要原因之一。

根据一般的理解，政务公开是行政机关全面推进决策、执行、管理、服务、结果全过程公开，加强政策解读、回应关切、平台建设、数据开放，保障公众知情权、参与权、表达权和监督权，增强政府公信力、执行力，提升政府治理能力的制度安排；政务服务则是指各级政府、各相关部门及事业单位，根据法律法规，为社会团体、企事业单位和个人提供的许可、确认、裁决、奖励、处罚等行政服务和公共服务。

一方面，政务公开是政务服务的基本前提。政务公开的要求是推进决策、执行、管理、服务、结果全过程公开，其中服务公开主要就是公开政务服务相关的办事指南、办事流程，确保办事过程和办事结果的透明。只有服务的公开到位，才能确保群众明明白白办事，行政机关清清楚楚履职。所以政务服务全过程的公开是政务公开的重要内容之一。

另一方面,公开即服务。当前政务公开所存在的问题归根结底是服务的问题,政务公开的实质一定程度上是提高政府服务的质量,让广大人民群众有获得感。所以从这一方面看,政务公开也是政务服务的重要内容之一。

综上所述,这两者的关系存在较大的争议,既没有绝对的包含关系,也没有绝对的隶属关系,但不可否认,两者存在一定的交叉,密不可分。

二 政务公开相关的三个目录

(一)政府信息公开目录

最早由《中华人民共和国政府信息公开条例》提出:"行政机关编制、公布的政府信息公开指南和政府信息公开目录应当及时更新。""政府信息公开目录包括政府信息的索引、名称、内容概述、生成日期等内容。"

《国务院办公厅秘书局关于印发政府信息公开目录系统实施指引(试行)的通知》(国办秘函〔2009〕6号)对政府信息公开目录系统建设发布了实施指引,旨在加强政府信息公开目录系统建设,逐步形成统一的政府信息公开平台。

《国务院办公厅关于印发政府网站发展指引的通

知》(国办发〔2017〕47号)提出:"发布政府信息公开指南和政府信息公开目录,并及时更新。信息公开目录要与网站文件资料库、有关栏目内容关联融合,可通过目录检索到具体信息,方便公众查找。按要求发布政府信息公开工作年度报告。"

总结来看,政府信息公开目录的编制主体是各级行政机关,工作的要求是"编制、公布"并"及时更新",内容要求为"包括政府信息的索引、名称、内容概述、生成日期等内容"且"信息公开目录要与网站文件资料库、有关栏目内容关联融合,可通过目录检索到具体信息,方便公众查找"。

(二) 主动公开基本目录

最早由《〈关于全面推进政务公开工作的意见〉实施细则》(国办发〔2016〕80号)提出:"(三) 建立健全主动公开目录。推进主动公开目录体系建设,要坚持以公开为常态、不公开为例外,进一步明确各领域'五公开'的主体、内容、时限、方式等。2017年年底前,发展改革、教育、工业和信息化、公安、民政、财政、人力资源和社会保障、国土资源、交通运输、环保、住房和城乡建设、商务、卫生计生、海关、税务、工商、质检、安监、食品药品监管、证监、扶贫等国务院部门要在梳理本部门本系统应公开内容的基础上,制定本部门本系统的主动公开基本目录;

2018年年底前，国务院各部门应全面完成本部门本系统主动公开基本目录的编制工作，并动态更新，不断提升主动公开的标准化规范化水平。"

《国务院办公厅关于印发2017年政务公开工作要点的通知》（国办发〔2017〕24号）提出："（一）全面落实'五公开'工作机制。……加快制定主动公开基本目录，稳步有序拓展公开范围。"

《国务院办公厅关于印发2018年政务公开工作要点的通知》（国办发〔2018〕23号）继续就主动公开基本目录提出要求："（十五）全面推行主动公开基本目录制度。已完成主动公开基本目录编制的国务院部门，要根据职责任务变化对目录进行动态更新调整；尚未完成编制的要在年底前完成并对外发布；实行全系统垂直管理的国务院部门还要在年底前编制完成并对外发布本系统主动公开基本目录。各省（区、市）政府也要部署主动公开基本目录编制工作。目录编制要充分体现'五公开'、政策解读、舆情回应、公众参与等要求。"

总结来看，主动公开基本目录的编制主体将各级行政机关分为三批，基本与政府公开目录的编制主体一致。工作要求是"对外发布"并"动态更新"。内容要求一般包括法定内容与重点内容，且需要"进一步明确各领域'五公开'的主体、内容、时限、方式等"。

(三) 政务公开事项标准目录

最早由《〈关于全面推进政务公开工作的意见〉实施细则》（国办发〔2016〕80号）提出："（五）推进基层政务公开标准化规范化。在全国选取100个县（市、区）作为试点单位，重点围绕基层土地利用总体规划、税费收缴、征地补偿、拆迁安置、环境治理、公共事业投入、公共文化服务、扶贫救灾等群众关切信息，以及劳动就业、社会保险、社会救助、社会福利、户籍管理、宅基地审批、涉农补贴、医疗卫生等方面的政务服务事项，开展'五公开'标准化规范化试点工作，探索适应基层特点的公开方式，通过两年时间形成县乡政府政务公开标准规范，总结可推广、可复制的经验，切实优化政务服务，提升政府效能，破解企业和群众'办证多、办事难'问题，打通政府联系服务群众'最后一公里'。"

《国务院办公厅关于印发开展基层政务公开标准化规范化试点工作方案的通知》（国办发〔2017〕42号）提出："（二）编制政务公开事项标准。在全面梳理细化基础上，逐项确定每个具体事项的公开标准，至少应包括公开事项的名称、依据以及应公开的内容、主体、时限、方式等要素，汇总编制政务公开事项标准目录，并实行动态调整。"

《国务院办公厅关于全面推进基层政务公开标准化

规范化工作的指导意见》（国办发〔2019〕54号）提出：要求"基层政府（包括县、不设区的市、市辖区人民政府和乡镇人民政府、街道办事处）要对照国务院部门制定的国土空间规划……市政服务等26个试点领域标准指引，结合本级政府权责清单和公共服务事项清单，全面梳理细化相关领域政务公开事项，于2020年底前编制完成本级政务公开事项标准目录，实行政务过程和结果全公开。目录至少应包括公开事项的名称、内容、依据、时限、主体、方式、渠道、公开对象等要素。编制目录要因地制宜、实事求是，体现地区和领域特点，避免公开事项及标准'一刀切'"。

总结来看，政务公开事项标准目录的编制主体是基层政府（包括县、不设区的市、市辖区人民政府和乡镇人民政府、街道办事处），这也是与主动公开基本目录最大的不同。工作要求是要因地制宜、实事求是，体现地区和领域特点，避免公开事项及标准"一刀切"。内容要求则是至少应包括公开事项的名称、内容、依据、时限、主体、方式、渠道、公开对象等要素，分类上一般按领域分类，这也是区别于主动公开基本目录的一个方面。

第二节 国务院各部门基层政务公开标准指引

从2019年初起，国务院办公厅在总结提炼试点成果的基础上，组织国务院各有关部门，陆续编制印发了试点领域基层政务公开标准指引。由于国务院各有关部门在编制各领域基层政务公开标准指引时，站在领域业务的角度，全面考虑工作实际，所以在分类方式和涵盖内容上各不相同。

从分类方式上看，主要有四种分类方式，包括业务类型分类、业务流程分类、政务服务事项分类和综合分类等。

业务类型分类方面，主要是标准指引按照本领域内涉及的业务类型，形成基础的组配项。采用该种分类方式，一是方便公众对信息的查询，公众的习惯性思维一般都是基于业务的类型；二是政府网站的法定主动公开内容一般也是以主题分类或组配分类为主，采用该种分类方式也一定程度上与政府网站建设相契合。典型的标准指引如重大建设项目领域，包括了批准服务信息、批准结果信息、招标投标信息、征收土地信息、重大设计变更信息、施工有关信息、质量安全监督信息、施工有关信息等一级事项；再如教育领域，包括政策文件、教育概况、民办学校信息、财务信息、招生管理、学生管理、教师管理、重要部署执行情况、教育督导、校园安全等一级事项。

业务流程分类方面，主要是标准指引按照具体业务的流程顺序，总结提炼形成一级事项。采用该种分类方法的领域一般是侧重于单一类型政务服务的领域，比较符合信息从产生到发布的整个完整流程。典型的标准指引如农村集体土地征收领域，采用"政策+准备+报批+实施"的流程，包括行政管理政策、征地前期准备、征地审查报批、征地组织实施等一级事项。再如养老服务领域，采用"政策+办理+管理"的流程，包括养老服务通用政策、养老服务业务办理、养老服务行业管理信息等一级事项。

政务服务事项分类方面，主要是标准指引按照本领域所涉及的政务服务事项，形成一级事项。采用该种分类方法的主要是一些范围较广，涉及内容较多的领域。典型的标准指引如卫生健康领域，完全按照政务服务事项分类，包括了行政许可类事项、行政处罚类事项等一级事项分类。再如生态环境领域，包括行政许可、行政处罚行政强制和行政命令、行政管理、其他行政职责等一级事项分类。

综合分类方面，主要是标准指引采用了多种分类方式，综合形成本领域的一级事项分类。采用该种分类方法的领域一般是既涉及政府信息的公开，又涉及政务服务事项办理的领域。典型的标准指引如保障性住房领域，一方面涉及一些规划计划的公示，另一方面涉及一些建设管理的审批服务等，所以先是按照业务类型，将一级事项分为重大决策、规划计划、建设管理、配给管理、配后管理、办事指南、政策解读、回应关切，其中，建设管理、配给管理、配后管理实际上是基于业务流程的分类。

从涵盖内容上看，主要有两种类型。一种是标准指引的内容全部为本领域的重点公开内容，不包含基础的组配内容，典型的如重大建设项目、公共资源配置、财政预决算、社会保险等领域。另一种涵盖内容特别广泛，将一些政策法规、预公开、会议公开、政策解读等基础共性内容也纳入了领域的标准指引，典型的标准指引如安全生产领域，包含了政策文件、财政资金、政府采购、重大建设项目、建议提案办理等。再如农村危房改造领域，包含了政策文件、舆情回应、政策解读等基础共性内容。

笔者认为，各基层政府在编制本级基层政务公开事项标准目录时，一是要明确基层政务公开事项标准目录的具体用途，编制完成和发布并不是最终的目的，重点在于应用和落实，所以在分类方式上，既要符合工作的实际，又要方便在公开平台的信息发布，公开本级政府基层政务公开事项标准目录实际上是进一步加强了外部的监督约束。二是需注意与主动公开基本目录的区别，笔者在本章的第一节已经详细说明了政府信息公开目录、主动公开基本目录、政务公开事项标准目录的区别和联系，一定要"两条腿"走路，做好各目录的编制、发布和应用。三是要明确主要各领域基层政务公开事项标准目录之间的内容边界，国务院部门编制的基层政务公开标准指引主要是从自身业务领域角度考虑，而基层政府在编制是需通盘考虑本地区的综合实际。如安全生产领域包含了重大建设项目、建议提案办理等内容，一方面重大建设项目已经是单独领域发布了标准目录，是否还有必要纳入安全生产领域；另一方面各领域均涉及建议提案办理的内容，那么是否需要在每个领域中都纳入，还是作为一项共性基础内容，单独进行发布，这些都是在各基层政府在编制过程中需要考虑的。四是标准化不等于"一刀切"，编制目录要因地制宜、实事求是，体现地区和领域特点，避免公开事项及标准"一刀切"。

第三节 各市基层政务公开标准化规范化工作推进情况

从 2017 年开始，根据国务院办公厅基层政务公开标准化规范化试点政策，山东选取了省内30个试点县，在全国率先自主开展了25个领域的试点工作，通过抓好目录制定、流程优化、标准编制三个环节，总结出一批可复制、可考核、可推广的基层政务公开的"山东标准"，为全面推进基层政务公开标准化规范化工作打下了坚实基础。2020年，为深入落实《国务院办公厅关于全面推进基层政务公开标准化规范化工作的指导意见》（国办发〔2019〕54号）要求，全面推广山东省前期试点形成的经验做法，印发了《关于全面推进基层政务公开标准化规范化工作的实施意见》，对编制标准目录、完善工作流程、推进平台建设等重点任务进行了明确部署，在"中国·山东"门户网站公开发布，并在大众日报进行了同步解读。

2020年以来，各市认真落实国家和省实施意见均印发了全面推进基层政务公开标准化规范化工作实施方案，并在政府网站建立了《基层政务公开标准化规范化》专栏。山东省政务公开专区建设也全面覆盖了各地区的政务服务大厅、便民服务中心、不动产登记中心、档案馆、图书馆等场所，专区在提供政府信息查阅、信息公开申请、公报免费发放、办事咨询答复、意见收集反馈等常规服务的基础上，不断拓展功能，创新应用，在提供重要政策现场集中解读、公众参与活动咨询报名、群众办事"痛点""堵点"问题收集等方面不断探索创新，实现了展示与服务、线上和线下的有机融合，让企业和群众真正感受到了权威性、一站式、一体化的信息服务，切实提升了群众的体验感、获得感。各市和各县（市、区）年内不断加大创新，积极探索，涌现出一批便民利企新举措。

工作推进方面，济南市以标准目录编制为抓手，制定《济南市全面推进基层政务公开标准化、规范化工作实施方案》，推动全市建立起"市—区（县）—街（镇）"三级清单编制联动体系；潍坊市编制了《潍坊市政务公开标准化规范化操作手册》，覆盖政务公开日常工作内容，包括信息标题规范、内容要素、公开依据、展示形式、展示载体、公开时限和公开主体等，并附带参考案例截图和案例网址链接，案例附带图文标注，形成基层政务公开工作人员的"操作手册"；聊城市研究并制作了县、乡两级政务公开事项标准目录模板，市政府办公室指导各县市区规划本地政务公开特色方案；济宁市为做好基层政府政务公开标准化规范化建设，制订了2020年政务公开工作的"争先进位"目标计划和实施方案，并建立县市区之间结对帮扶机制，共同进步；临沂市要求配合工作开展，相关市直部门均制订了各领域的具体落实实施方案，坚持亮点先行、高标准打造基层政务公开标准体系；

枣庄市坚持试点先行、梯次推进的原则，在抓好常规政务公开的基础上，在枣庄市山亭区试点将公开触角延伸，推动涉民事项主动公开、前置发布；淄博市坚持试点先行，要求每个区县确定2个镇办、2个部门作为市级示范点重点建设。

政务公开专区建设方面，滨州市明确了政务专区"六统一"建设标准，即"统一标识、统一场所设置、统一配套设备、统一软件系统、统一服务事项、统一人员管理"，将全市"政务公开体验区"全面升级为"政务公开便民服务专区"，开发了全市政务公开便民地图、国土（征地）信息公开等九大功能；潍坊市编制并发布了地方标准——《政务公开专区建设指南》（DB3707/T 26—2020），并在全市范围内推广实施；泰安市统筹部署政务公开专区建设，并在门户网站制作了"一图看懂 泰安市级政务公开专区建设"的图解，将市级政务公开专区建设现状和计划向公众全面展示；威海市进一步拓展政务公开体验区覆盖范围，将多媒体公开终端设备推广到威海图书馆、群众艺术馆、科技馆、政府部门大厅及街道办事处、社区居民活动中心等场所；东营市积极推进实体场所建设，建立了集政府信息查询、信息公开申请、办事咨询答复等服务于一身的政务公开服务专区，设立信息公开申请咨询岗位，解疑释惑。

目录编制方面,济南市研究并制定了"横向拓展、纵向延伸"的基层政务公开标准化规范化推进思路,组织编制"26+1+n"基层政务公开标准目录包;日照市组织开展基层政务公开事项标准目录市级评审,对基层政务公开事项标准目录进行市级评审;烟台市要求市级各领域相关指导部门分别编制了领域内《县级政务公开事项标准目录编制审核标准》;德州市采用"大集中"工作法编制基层政务公开事项标准目录。

基层政务服务方面,潍坊市充分利用数字电视公开平台、"三务公开栏"、应急广播"村村响"平台,及时公开各项惠民政策;菏泽市指导基层政府部门积极破解亲商助企难点、发现市场服务热点,编制了集成集约、快速高效的服务"菜单";济南市历下区实施"场景式"服务模式,设计自然人和法人全生命周期服务场景,精准推送政务服务信息;青岛市崂山区开发"青易办"掌上平台,颁出国内首张微信端无人审批营业执照。

第四节 基层政务公开事项标准目录编制情况

根据《山东省人民政府办公厅关于全面推进基层

政务公开标准化规范化工作的实施意见》(鲁政办发〔2020〕11号)要求,2020年12月底前,基层政府全面对照国务院部门制定的26个试点领域标准指引,编制完成本级政务公开事项标准目录,在县级政府门户网站公开发布。

2020年1—2月,评估工作组对全省136家县(市、区)政府(包括58家市辖区政府、26家县级市政府、52家县政府)和1705家乡镇(街道)(包括600家街道办事处、54家乡政府,1051家镇政府)26个领域基层政务公开事项标准目录编制情况开展了评估,具体结果如下。

一　总体发布情况

评估工作组通过查询和检索各县(市、区)门户网站,评估各县(市、区)政府基层政务公开事项标准目录编制情况。

县级政府方面,评估结果显示,截至2021年1月底,98.53%的县(市、区)政府在门户网站发布了本级政府基层政务公开事项标准目录,其中,88.24%的县(市、区)政府发布了26个领域(未涉及的领域提供了说明)的基层政务公开事项标准目录。县级政府基本已完成本级基层政务公开事项标准目录。

乡镇(街道)方面,评估结果显示,截至2021

年1月底，98.30%的乡镇（街道）在上一级政府门户网站发布了本级基层政务公开事项标准目录，其中，51.50%的乡镇（街道）发布了26个领域（未涉及的领域提供了说明）的基层政务公开事项标准目录。

二 各领域发布情况

评估工作组统计了每个领域基层政务公开事项标准目录的发布情况。评估发现，1家县政府和1家市辖区政府未在门户网站公开本级基层政务公开事项标准目录，160家镇政府、11家乡政府和69家街道办事处未在上一级政府门户网站公开本级基层政务公开事项标准目录或未按领域发布本级基层政务公开事项标准目录。

如图6-1和图6-2所示，县（市、区）政府之间在涉及领域的数量上差异并不大，基本上各县（市、区）政府在发布的领域数量相对一致。

反观乡镇（街道）方面，由于各乡镇（街道）在职责和区位特点上的不同，所涉及领域的数量相差较大，其中，多数乡镇（街道）发布了涉及扶贫、救灾、公共文化服务、农村危房改造、养老服务、社会救助等方面的基层政务公开事项标准目录，而较少的乡镇（街道）发布涉及税收管理、市政服务、公共资源交易、重大建设项目等领域的基层政务公开事项标准目录。

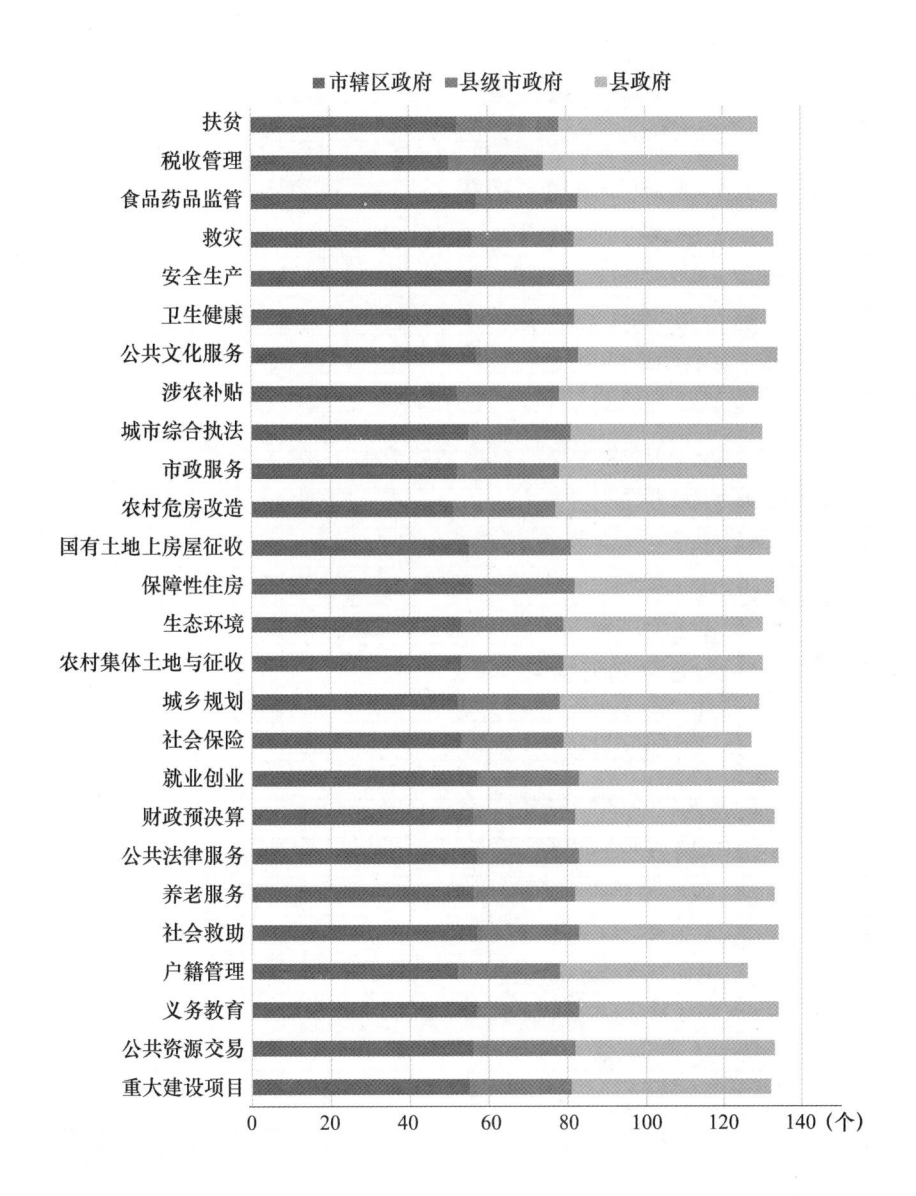

图 6-1 县（市、区）政府各领域基层政务公开事项标准目录发布情况

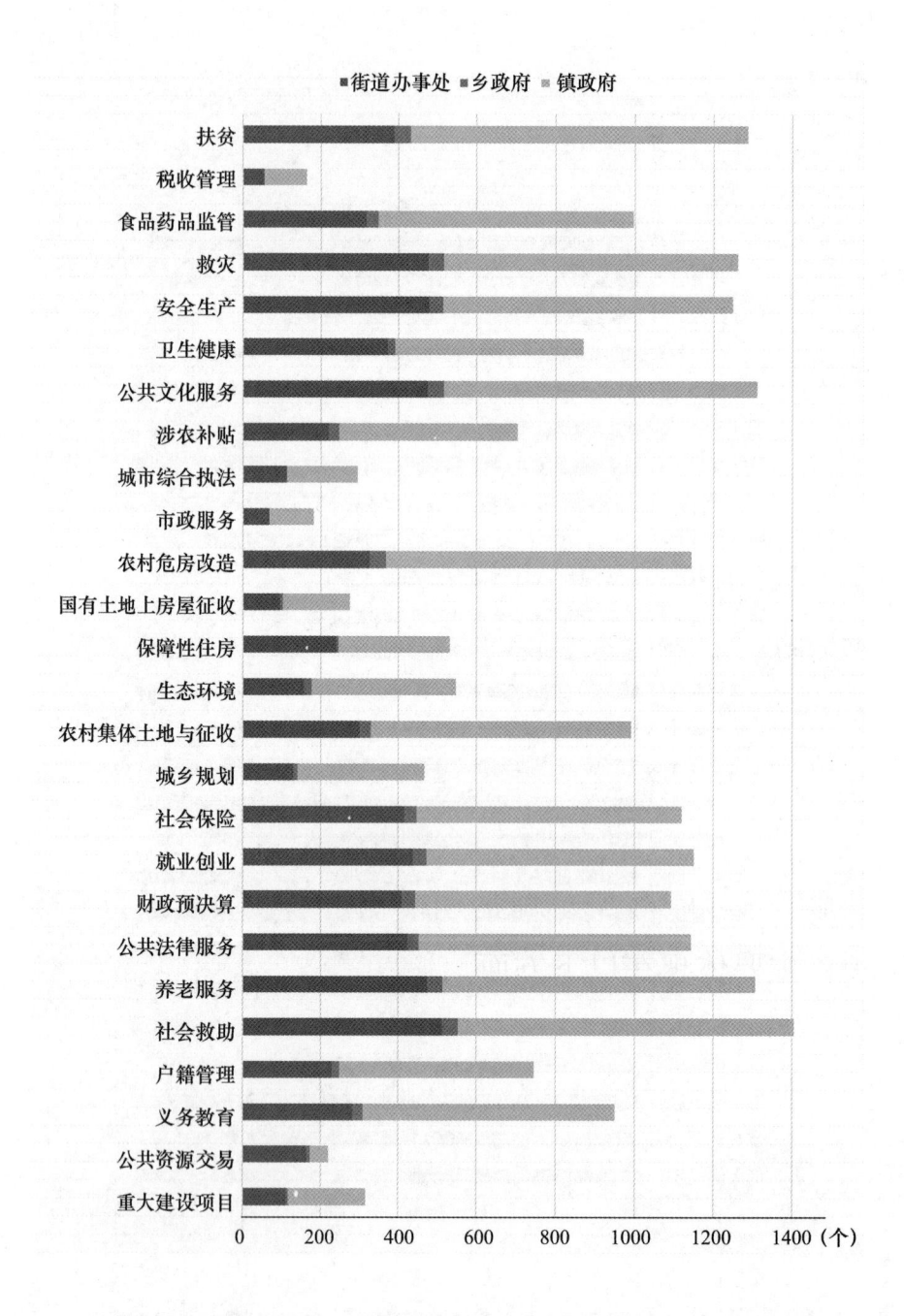

图6-2 乡镇（街道）各领域基层政务公开事项标准目录发布情况

综上所述，基层政务公开事项标准目录的编制工作表现出领域和层级的差异化，正是因地制宜、实事求是的结果，各基层政府的标准目录也充分体现出了地区和领域的特点，从而避免公开事项及标准"一刀切"。

第五节 基层政务公开事项标准目录编制存在的主要问题

尽管所有基层政府年内均按照要求编制完成了本级基层政务公开事项标准目录，但在事项梳理、目录编制等方面仍然存在一些亟须解决的问题。

一 部分基层政府梳理事项不够全面

部分基层政府未认真对照本级政府权责清单和公共服务事项清单，全面梳理细化相关领域政务公开事项，主要体现在以下方面。

第一，部分基层政府缺少部分领域的标准目录，且未做说明或说明不明确。如某县级市政府在门户网站集中对不涉及的领域做出了说明，其中有一项说明内容为"卫生健康领域基层政务公开标准目录根据国家卫生健康委办公厅印发的《重大建设项目领域基层政务公开标准目录》（发改办投资〔2019〕621号），镇街一级不需要编制、公开该目录"。此说明一是依据有错误，卫生健康领域的标准目录，不公开的依据却是重大建设项目的标准指引。二是重大建设项目领域标准指引的发布机构也不是国家卫生健康委，而是国家发展改革委。再如某乡镇（街道）出具了说明"经领导审议，该领域不予公布"。这显然违背了政务公开的原则。

第二，部分领域的标准目录中事项不全，有的甚至仅有1项或2项内容。评估发现，部分基层政府在编制标准目录时，为减少以后的公开工作量，极力去减少标准目录中涉及的事项数量，有的一个领域的标准目录仅有1项或2项内容。

第三，标准目录相互抄袭现象。乡镇（街道）标准目录发布的方式主要包括两种：一种是由县（市、区）政府统一了的所有乡镇（街道）的标准目录，该种方式乡镇（街道）标准目录之间内容雷同是正常现象；还有一种是各乡镇（街道）自行编制和发布本机关的标准目录，一般来说该种方式，各乡镇（街道）标准目录之间是有一定差别的，但部分乡镇（街道）出现了相互抄袭现象，如某乡镇（街道）直接完全复制了其他乡镇（街道）的标准目录，甚至连标准目录的表头单位名称都未做改动。

二 部分基层政府编制标准目录"上行下效"

国务院各部门编制发布的26个领域的基层政务公

开事项标准目录，是从全国基层政务公开标准化规范化试点的成果基础上，提炼总结形成的标准指引。各基层政府在编制本级基层政务公开事项标准目录时，需注意结合实际，因地制宜，而不能完全照搬照抄，"上行下效"。

一是部分基层政府所有领域的基层政务公开事项标准目录全部照搬照抄国务院各部门发布的标准指引，如某县政府发布的本县公共法律服务领域标准目录的公开依据一栏，却写明了公开依据之一为"各省'七五'普法规划"，显然是照搬照抄标准指引，而未做任何修改。

二是部分基层政府未注意各领域标准目录之间的逻辑内容边界。如某县（市、区）政府发布的各领域的标准目录中，有部分领域包含了政策解读、会议公开、建议提案办理等内容，从整体的角度看，其实各领域均涉及这些基础内容，为基层政府整体发布的标准目录，或是所有领域都包含，或是所有领域都不包含，再单独对基础信息的公开做出规定和细化，如果仅是个别领域有的话，难免对标准目录体系的逻辑关系和内容边界造成一定影响。

三 部分基层政府将主动公开基本目录作为标准目录

部分基层政府将主动公开基本目录和基层政务公

开事项标准目录的概念混淆，将按部门发布的主动公开基本目录作为基层政务公开事项标准目录。实际上基层政务公开事项的梳理需要遵循"按部门梳理是前提，打破部门界限，按领域梳理才是理想模式"的原则。如某镇政府发布的政务公开标准目录实际为本级政府的主动公开基本目录，其一级事项仅有机构职能、法规文件、政府会议、规划计划、人事信息、建议提案办理、政府信息公开指南、政府信息公开年报等基础内容，完全未涉及各领域相关的重点内容。

四　部分标准目录中的要素不全面或不准确

《国务院办公厅关于全面推进基层政务公开标准化规范化工作的指导意见》（国办发〔2019〕54号）明确要求，目录至少应包括公开事项的名称、内容、依据、时限、主体、方式、渠道、公开对象等要素。评估发现，基本上所有基层政府发布的政务公开事项标准目录均涵盖了这些要素，但在要素的准确性和全面性上还有待进一步明确。

要素的全面性方面，一是部分基层政府发布的标准目录中所列的公开依据不全面。如某县政府发布的标准目录中公开依据全是《政府信息公开条例》，而无任何其他领域内容相关法律、法规或规范性文件作为依据。二是部分基层政府发布的标准目录中所列的公开渠道过于单一，如某乡镇（街道）发布的标准目录中公开渠道仅有县政府门户网站一个，实际上，乡镇（街道）更直接有效的公开渠道并不一定是政府网站，反倒是公示栏、政务服务中心等便民的实体渠道更直接有效。

要素的准确性方面，基层政务公开标准化规范化的最终目的之一是形成基层政务公开标准体系，评估发现，个别县（市、区）政府所辖的乡镇（街道）中，不同乡镇（街道）的同一个要素的同一个内容表述不一致，这显然与标准化的初衷有所背离。

第六节　推进基层政务公开标准化规范化工作的建议

编制发布基层政务公开事项标准目录仅仅只是个开始，真正的重点在于标准目录的落实，推进基层政务公开标准化规范化也是需要长期坚持的系统工程，下一步需要完善的地方还有很多，在这里，笔者从第三方的角度，对下一步各基层政府推进基层政务公开标准化规范化工作提出几点建议。

一　突出地区领域特点，细化政务公开事项梳理

梳理政务公开事项，编制政务公开事项标准目录，

不代表要照搬照抄国务院部门发布的标准指引,也不代表要标准"一刀切"。政务公开事项的梳理实际上是编制政务公开事项标准目录中最繁杂、最琐碎的一个环节,也是最为至关重要的一个环节。各基层政府需要对照国务院各部门发布的政务公开事项标准指引,结合本级政府权责清单和公共服务事项清单,一是对国务院部门发布的标准指引中所有事项逐一研究,确定本地区是否涉及或是否有所区别;二是本地区是否还存在国务院部门发布的标准指引中未涉及的公开事项,如果有,是否需要纳入。坚持"横向到边、纵向到底"的原则,切实细化梳理本地区各领域政务公开事项,真正突出本地区的领域特点。

二 立足基层群众需求,抓好事项标准目录落实

编制发布基层政务公开事项标准目录仅仅只是个开始,真正的重点在于标准目录的落实,下一步需要在政务公开事项标准目录的落实方面下功夫。一是标准目录需要落实到规范具体的工作流程中,要切实将政务公开事项标准目录、标准规范嵌入部门业务系统,促进公开工作与其他业务工作融合发展。二是标准目录需要落实到政务公开平台建设中,各基层政府需要按照标准目录中公开渠道的要求,规范政府网站、政务新媒体、政务公开专区等平台和渠道建设。三是标

准目录需要落实到解读回应工作中，各基层政府要及时传递党和国家相关政策，准确解读本地贯彻执行措施，针对政策实施和重大项目推进过程中出现的误解疑虑，要及时回应、解疑释惑。四是要推动基层政务公开标准化规范化向农村和社区延伸，进一步完善基层政务公开与村（居）务公开协同发展机制。

三 坚持便民实用原则，拓宽基层政务公开渠道

《国务院办公厅关于全面推进基层政务公开标准化规范化工作的指导意见》（国办发〔2019〕54号）和《山东省人民政府办公厅印发关于持续深入优化营商环境的实施意见配套措施的通知》（鲁政办字〔2020〕61号）均提出了建设政务公开专区的要求。下一步建议由省标准化主管部门牵头，制定政务公开专区建设和管理的相关地方标准，避免政务公开专区建设随意化、不规范问题。政务公开专区建设要以便民实用为原则，以服务群众为基本出发点，集查询、办事、申请、咨询等功能于一身，实行政务服务一次告知、信息主动推送，有效拓宽线下政务公开渠道，力求让广大群众在政务公开专区中轻松获取政府信息，依法享受政务服务。

四 强化监督保障体系，提升基层政务公开水平

各市、县（市、区）政府及其相关部门要把推进

基层政务公开标准化规范化情况作为评价政务公开工作成效的重要内容，列入基层政府年度政务公开绩效考核，明确责任，主动作为，有序推进各项工作。加强理论研究，及时总结经验、改进工作，将推进基层政务公开标准化规范化工作过程中好的经验做法，及时进行宣传推广。进一步加大教育培训力度，每年至少组织一次集中学习培训，把政务公开的规章制度、知识技能，纳入基层领导干部和公务员教育培训内容，增强公开意识，提高公开本领。力争到2023年，全面完成各项目标任务，建成政务公开标准体系，提升政务公开能力和水平。

第七章 山东省依申请公开与互动交流专项评估报告

　　新修订的《中华人民共和国政府信息公开条例》自2019年5月15日起施行，2020年是正式实施的第二年。依申请公开是政府信息公开的重要形式，也是主动公开政府信息的重要补充。长久以来，依申请公开工作一直是政府信息公开工作的难点，同时也是社会公众和政府信息公开工作人员关注和关心的重点。评估工作组于2015年开始，连续六年对各评估对象依申请公开工作情况进行暗访评估，各级各部门依申请公开工作也取得了较大的进步和提升。

　　互动交流是政府网站满足用户参与需求的重要功能，政府网站应切实发挥政策解读宣传、政民互动交流的强大功能，为转变政府职能、提高管理和服务效能，推进国家治理体系和治理能力现代化发挥积极作用。通过政府网站的咨询建言类栏目，公众可以不受时空限制，方便快捷地实现有效的政民互动，也成为当下群众反映诉求的一个常见的方式。为了进一步促进政府网站互动交流平台建设的规范性，督促各级行政机关重视互动交流工作，及时有效答复公众的留言咨询，自2019年开始，在评估指标中增加了对各级政府网站互动交流栏目、咨询建言类栏目的答复时限和答复内容的暗访评估。

第一节 山东省依申请公开与互动交流工作现状

一 依申请公开工作概况

政府信息公开工作年度报告，是全面反映政府信息公开工作情况的基本方式，是加强政府信息管理、摸清政府信息底数、从政府信息的角度记录并展现政府施政过程及结果的基础。《国务院办公厅政府信息与政务公开办公室关于政府信息公开工作年度报告有关事项的通知》（国办公开办函〔2019〕60号）明确要求，行政机关需要统计收到和处理政府信息公开申请情况，以及因政府信息公开工作被申请行政复议、提起行政诉讼情况。

评估工作组通过统计各行政机关2020年政府信息公开工作年度报告的相关数据，反映2020年度各行政机关依申请公开工作的开展情况。

2020年,全省各级各部门共收到政府信息公开申请28063件,同比增长8.83%。其中,自然人申请数量占到全年总数量的95.62%,法人及其他组织占4.38%,如图7-1所示。在法人及其他组织中,商业企业最多,占到了总数的2.30%,法律服务机构次之,占到了总数的1.18%,科研机构约占0.34%,社会公益组织约占0.29%。

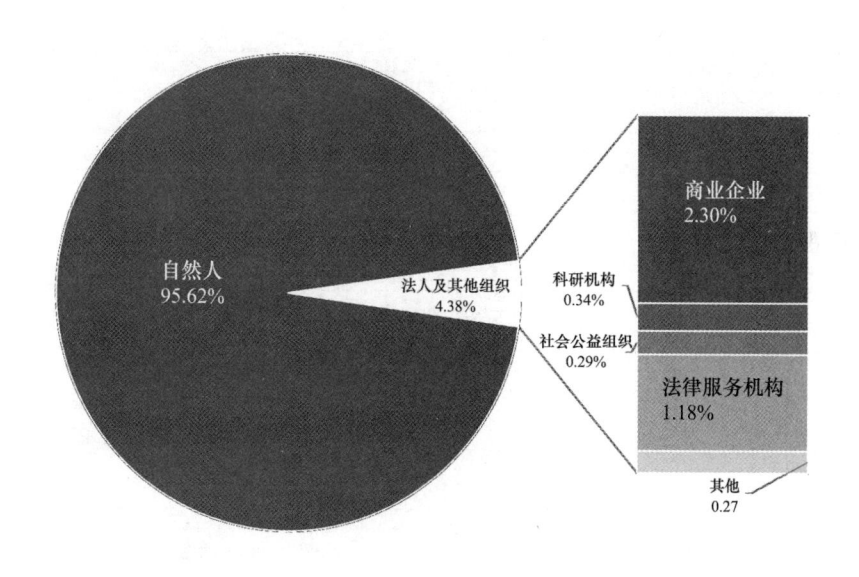

图7-1 2020年政府信息公开申请主体情况

如图7-2所示,2020年新收政府信息公开申请数量前十位的省直部门、单位分别是省自然资源厅、省

图7-2 2020年度省直部门、单位新接收政府信息公开申请情况

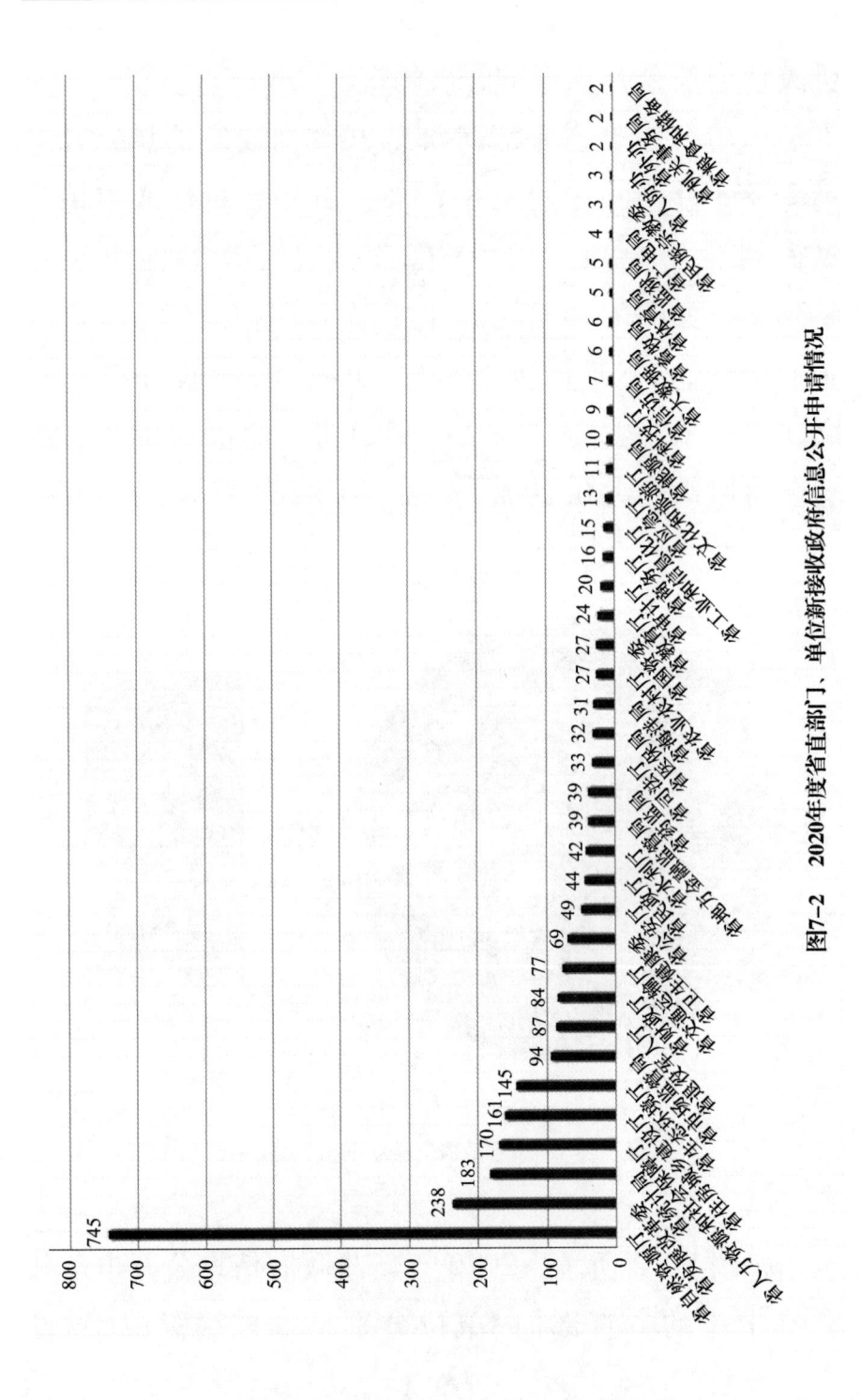

发展改革委、省统计局、省人力资源和社会保障厅、省住房和城乡建设厅、省生态环境厅、省市场监管局、省退役军人厅、省财政厅、省交通运输厅。说明本年度公众和企业依申请公开政府信息的关注点主要集中在征地信息、重大项目、国民经济统计、住房保障、生态环境保护、社会保障、就业创业、产品质量、财政信息、公共交通运输等领域。

2020年新收政府信息公开申请数量前五位的市政府分别是济南市、青岛市、潍坊市、临沂市和烟台市。由于各市政府收到依申请公开件也多以征地拆迁为主，所以申请数量与本地区经济社会发展情况、人口数量和土地征收情况具有较为明显的关联性。

由政府信息公开引起的行政复议和行政诉讼方面，如图7-3所示，行政复议和行政诉讼的数量近五年呈现稳中下降趋势，行政复议和行政诉讼的纠错率近五年也在波动中缓慢下降。与2019年相比，2020年全省行政复议和行政诉讼的数量略有增加，但纠错率下降较为明显，特别是行政复议的纠错率下降了6.13个百分点，行政诉讼纠错率也下降了1.55个百分点。

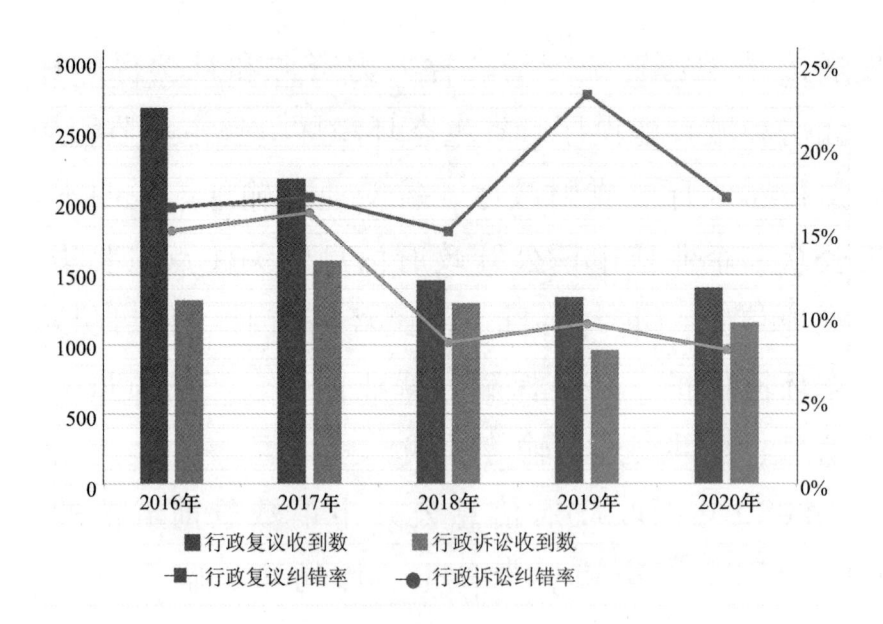

图 7-3 2020 年度全省政府信息公开申请方面的行政复议和行政诉讼情况

二 互动交流工作概况

根据《政府网站发展指引》的要求，政府网站的互动交流平台需要根据工作需要，实现留言评论、在线访谈、征集调查、咨询投诉和即时通信等功能。政府网站的互动交流是"互联网+"催生出来的民主新业态，突破了时间和空间的限制，有利于进一步凝心聚智、反映民意社情，全方位回应公众关切，进一步增强制定公共政策的科学性、针对性、务实性。

2020年，山东省积极加强互动交流，推进政务公开工作，取得了显著成效。本年度全省共举办社会代表和利益相关方列席有关会议等活动 500 余场，开展民生领域"政府开放日"活动 1200 多次。由山东广播电视台融媒体资讯中心打造的大型问政节目《问政山东》，2020年共播出39期，对26家省直部门、5家中央驻鲁单位、16家市政府的工作进行了问政，50余家县（市、区）参加节目直播连线，曝光了300多项长期难以解决的难点、"堵点"、"痛点"问题，新出台文件260份，各项问题得到了妥善解决。

互动交流平台的咨询建言类栏目是互动交流工作的重点内容之一，评估工作组统计了近两年各级政府发布的《政府网站年度报表》的相关数据。

"餐饮店食品经营许可证怎么办理？""社保转移申请如何办理？""建议社保继续减免，帮助中小企业渡过难关。""离职后公积金账号被封存，是否可提取住房公积金？"……2020年全年，省直各部门、单位，各市政府和各县（市、区）政府共收到网民有关住房、出行、经营、税收、社保等方面的咨询和建议115.95万余条。各级政府网站的互动交流平台不仅成为社会公众表达诉求、参政议政的平台，更成为政府听民声、集民意、汇民智、解民难的有效渠道。

各级政府网站互动交流平台收到留言总数情况方面，如图7-4所示，近两年留言数量呈现出明显的上升趋势，特别是省直部门、单位留言总数是去年的3倍多，这充分说明政府网站的互动交流栏目为普通社会公众反映诉求、提出建议等提供了更加直接、方便快捷的渠道。

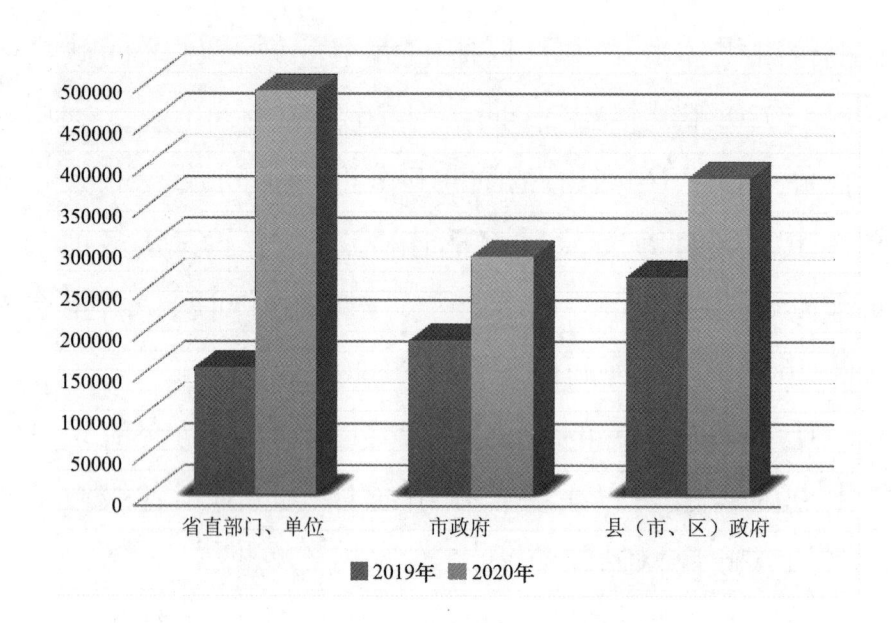

图7-4 近两年各级政府网站互动交流栏目收到留言总数情况

互动交流平台留言办结率方面，省直各部门、单位，各市政府和各县（市、区）政府留言平均办结率约为98.64%，比去年提升了将近1个百分点。特别是各市政府和各县（市、区）政府留言平均办结率较2019年均有极大的提升（见图7-5）。说明各级政府高度重视互动交流平台公众的咨询建言，收到的留言能够及时转交相关部门处理、答复和反馈。

平均办理时间方面，省直各部门、单位，各市政府和各县（市、区）政府互动交流平台留言平均办理时间约为3.83天，比去年缩短了0.14天，特别是各市政府和各县（市、区）政府留言平均办理时间较去年都有较为明显的缩短，留言办理的时效性进一步增强。

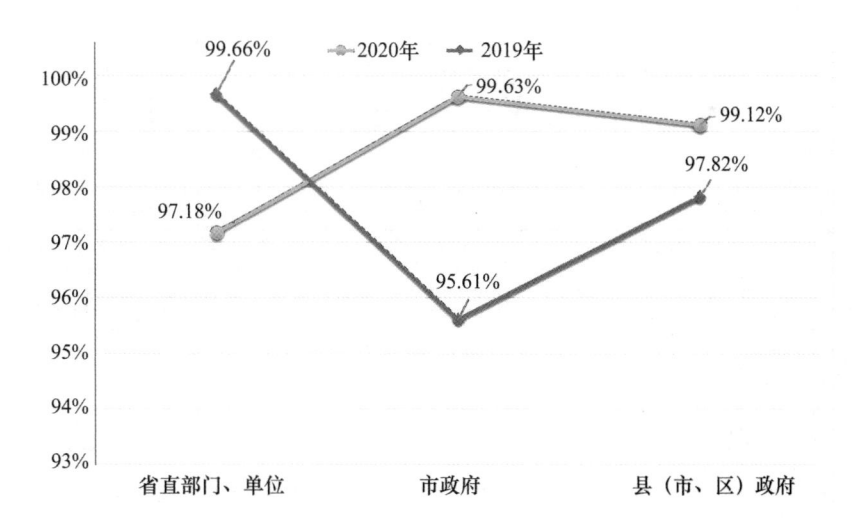

图 7-5　近两年各级政府网站互动交流栏目留言办结率情况

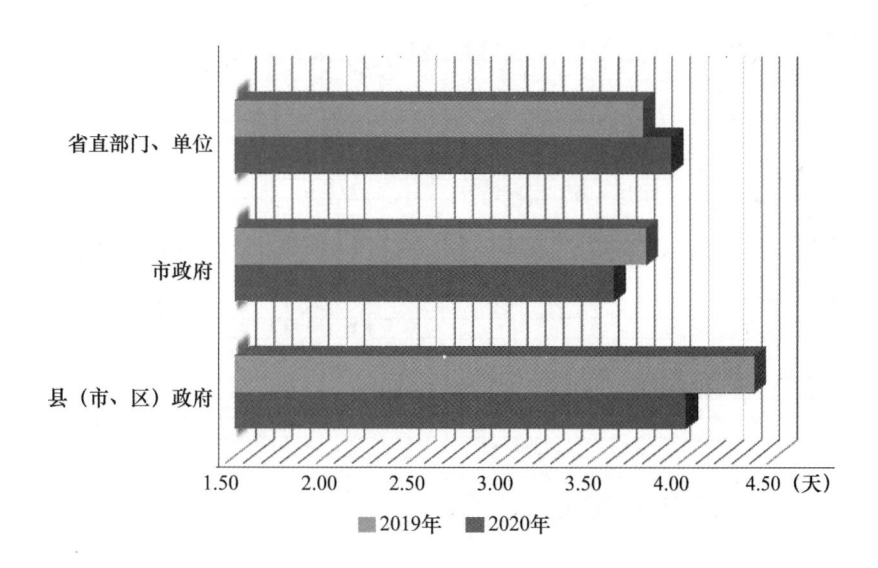

图 7-6　近两年各级政府网站互动交流栏目留言平均办理时间情况

第二节　依申请公开评估情况

一　评估时间

本次对于依申请公开的评估，主要还是采用模拟暗访的形式，为避免被相关工作人员察觉，评估工作组于2020年8月15日至12月31日，不定期随机陆续发出。

二　评估方式

评估工作组以个人身份，通过在线平台和邮政快递（EMS）方式向省直部门、有关单位，各市政府（选取了2家市政府部门分别发送）和各县（市、区）政府［选取了2家县（市、区）政府部门分别发送］发送政府信息公开申请，对各评估对象申请渠道的畅通性和答复的规范性进行评估。

三　评估结果分析

（一）渠道畅通率

渠道畅通率主要包括在线渠道畅通率和信函渠道畅通率。在线渠道主要看能否通过政府网站在线申请平台成功提交申请，信函渠道主要看能否通过公开指南给出的相关通信信息成功投递相关信函。

评估工作组统计了近四年的依申请公开在线渠道和信函渠道的畅通率。根据《国务院办公厅政府信息与政务公开办公室关于政府信息公开申请接收渠道问题的解释》（国办公开办函〔2017〕19号）要求，"当面提交"和"邮政寄送"是政府信息公开申请的基本渠道，申请人通过这两种基本渠道提交的政府信息公开申请，行政机关不得以任何理由拒绝接收。

如表7-1所示，2020年，信函渠道的畅通率依然保持了100%，说明各评估对象均能够在公开指南中及时更新本机关政府信息公开申请受理机构的名称、办公地址、办公时间、联系电话等信息，信函渠道保持完全的畅通。

表7-1　　　　近四年在线渠道和信函渠道畅通率

年份	在线渠道畅通率	信函渠道畅通率
2017年	91.84%	95.41%
2018年	98.44%	98.96%
2019年	98.41%	100.00%
2020年	99.48%	100.00%

在线渠道申请方面，国办公开办函〔2017〕19号文也要求，为进一步便利申请人、提高工作效率，鼓励行政机关结合自身实际开通传真、在线申请、电子邮箱等多样化申请接收渠道。历年的依申请公开评估

结果也显示，由于在线渠道畅通率与政府网站相关平台的稳定性和兼容性密切相关，特别是政府网站改版升级时，将会影响在线渠道的畅通性，所以在线渠道的畅通率也在细微的波动中连年提升，2020年在线渠道畅通率已经达到99.48%，基本能够保障在线渠道的畅通性。

（二）答复时效性

整体按时答复方面，如图7-7所示，随着各行政机关不断规范政府信息依申请公开办理程序，在线渠道和信函渠道整体按时答复率逐年上升，2020年在线渠道按时答复率达到了95.83%，信函渠道的按时答复率也上升到了94.27%。

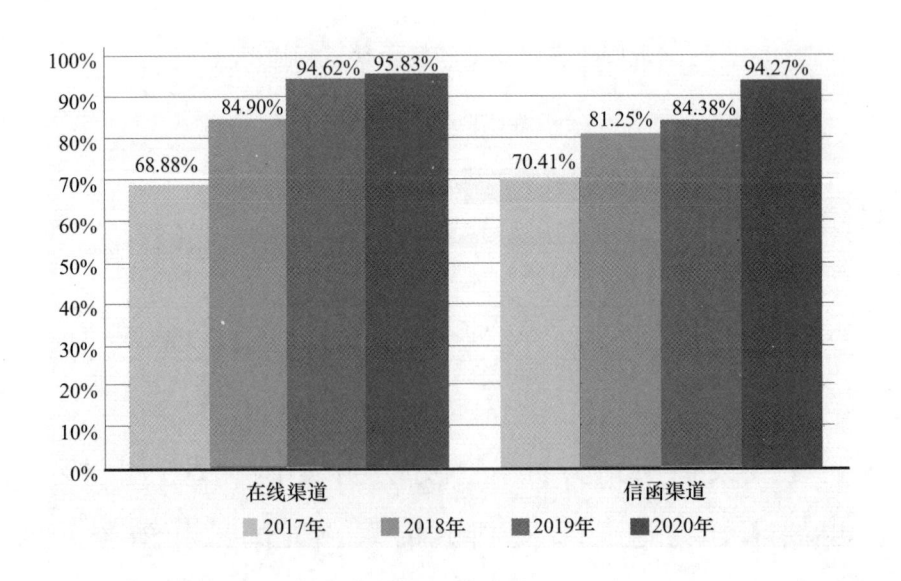

图7-7 近四年各级各部门按时答复率情况

如图 7-8 所示，各市政府无论是在线渠道还是信函渠道，依旧是保持了 100% 的按时答复率；省直部门、单位信函渠道的按时答复率明显高于县（市、区）政府，而县（市、区）政府在线渠道的按时答复率又明显高于省直部门、单位。这说明，相比较而言，省直部门、单位对于信函渠道的申请重视度较高，能够明确接收、移交、审核、办理、答复等环节的时限。一般来说，向政府和相关部门提交政府信息公开申请的个人或单位通常是本地区或本辖区的居民或企业，申请量相对较大，县（市、区）政府通过在线渠道接收申请，一定程度上也方便了当地居民和企业，评估结果也显示，县（市、区）政府在线渠道的按时答复率达到了 96.32%。

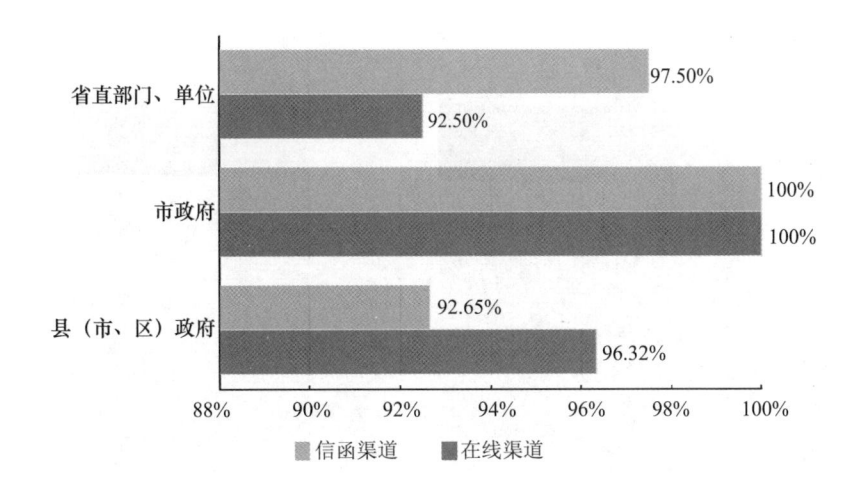

图 7-8 2020 年各评估对象按时答复率情况

(三) 答复规范性

1. 答复方式规范性

按规定向申请人出具加盖本行政机关公章的政府信息公开告知书是规范依申请公开答复的基本要求,近几年的评估工作也重点关注了各行政机关是否能够按照有关规定,向申请人出具规范的政府信息公开告知书。

从是否出具政府信息公开告知书的角度,如图7-9所示,对比近四年的整体情况,在线渠道和信函渠道答复时出具政府信息公开告知书的比例逐年提升,2020年在线渠道整体出具政府信息公开告知书的比例达到了81.77%,信函渠道也提升到了83.33%,基本上,绝大多数的评估对象都能够在答复时,向申请人出具政府信息公开告知书。

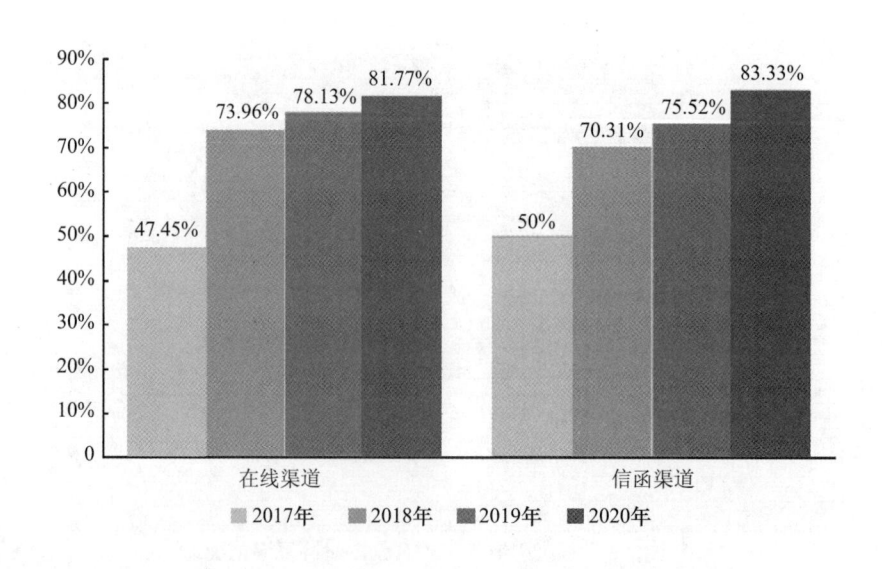

图7-9 近四年出具书面政府信息公开告知书情况

如图 7-10 所示，无论是在线渠道，还是信函渠道，县（市、区）政府按照规定向申请人出具政府信息公开告知书的比例均高于 90%，领先于省直部门、单位和市政府，说明随着山东省全面推进基层政务公开标准化规范化工作的深入开展，各基层政府不断完善依申请公开工作登记管理、协助调查、会商、归档等各个环节的程序、标准和责任划分，在依申请公开答复规范性方面有了较大提升。

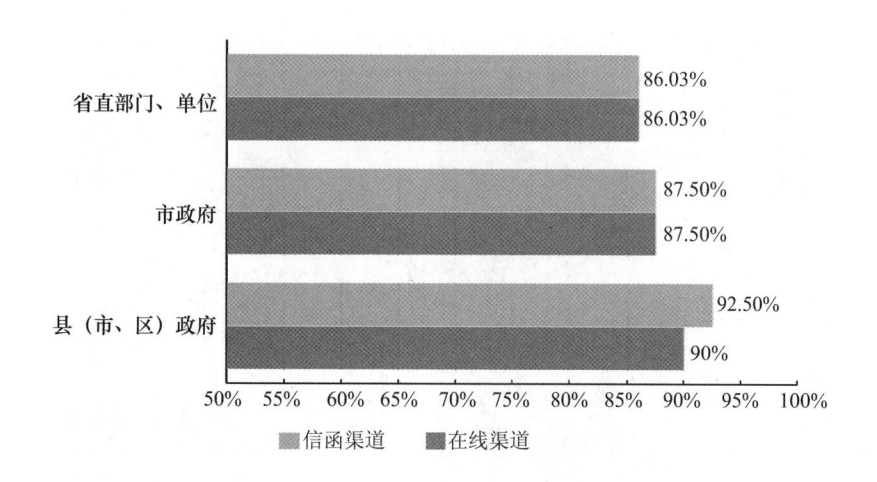

评估对象	信函渠道	在线渠道
省直部门、单位	86.03%	86.03%
市政府	87.50%	87.50%
县（市、区）政府	92.50%	90%

图 7-10　2020 年各评估对象按规定出具政府信息公开告知书情况

政府信息公开申请中一般包括"申请公开的政府信息的形式要求，包括获取信息的方式、途径"。行政机关需要按照申请人要求的方式和途径，发送答复内容。以往评估工作组均是要求行政机关以电子邮件的形式进行答复，本次评估为了更好地体现行政机关依申请公开工作的便民化，特选择了部分评估对象，要求其以信函形式答复。

如图7-11所示，近年来，各行政机关不断规范政府信息公开申请的答复流程，严格按照申请人要求的获取信息的方式和途径进行答复，让政府信息公开申请更有温度。2020年，各级行政机关按申请人要求形式答复的总体比例达到了95.31%，基本上均能够按照申请人要求的形式进行答复。

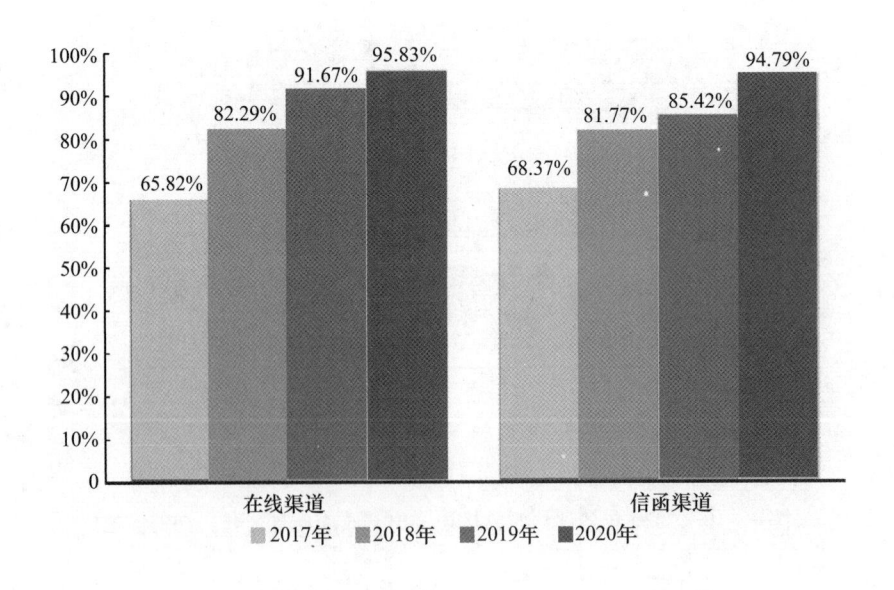

图7-11 近四年各评估对象按申请人要求形式答复情况

2. 答复内容规范性

答复内容的规范性，主要体现在所出具的政府信息公开告知书的规范性，而其中尤为重要，且常被忽视的就是救济渠道的告知问题。

如图 7-12 所示,由于机构改革和人员变动,不少评估对象负责政务公开工作的人员做了调整,依申请公开工作的专业性和延续性有待进一步重视。2020年,能够在所出具的政府信息公开告知书中明确救济渠道的总体比例达到了 82.81%。如图 7-13 所示,省直部门、单位该项比例最高,无论是信函渠道还是在线渠道,均达到了 90%;市政府次之;县(市、区)政府该项比例最低。说明基层政府须注意答复的规范性问题。

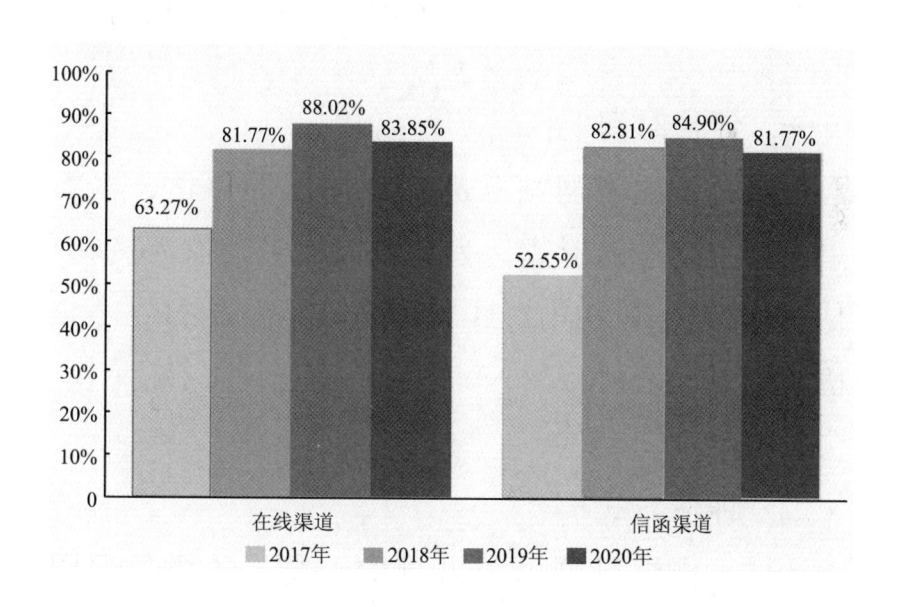

图 7-12 近四年各评估对象出具的政府信息公开告知书中明确救济渠道情况

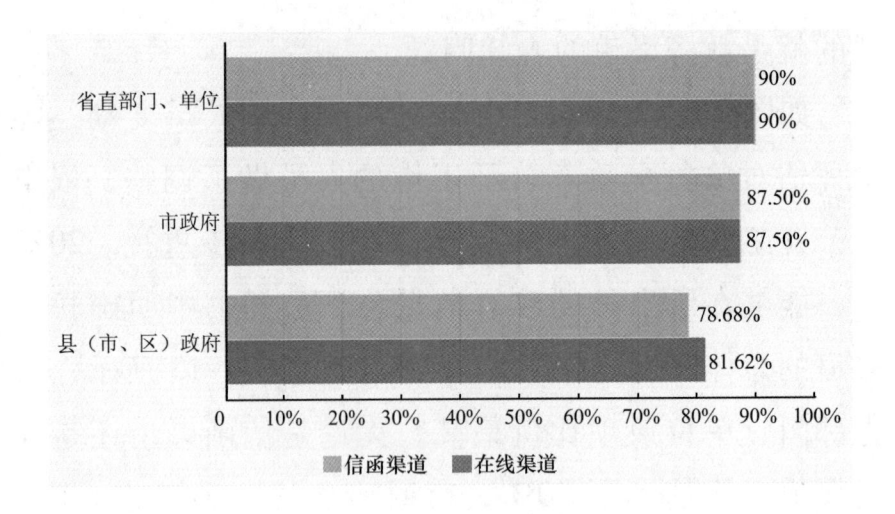

图7-13　2020年各评估对象出具的政府信息公开告知书中明确救济渠道情况

第三节　政府网站互动交流评估情况

一　评估时间

本次对于政府网站互动交流情况的评估，主要还是采用模拟暗访的形式，为避免被相关工作人员察觉，评估工作组于2020年8月15日至12月31日，不定期随机陆续发出。

二　评估方式

评估工作组以公民个人身份，通过各级各部门政府网站互动交流统一平台中的咨询建言类栏目，实际留言咨询，评估各级各部门的答复时间和答复内容。

三 评估结果分析

（一）功能可用性

本次评估主要是针对各评估对象政府网站互动交流平台的咨询建言类栏目，包括在线咨询、领导信箱、网上民生、咨询留言、咨询求助等栏目。评估结果显示，95.00%的省直部门、单位，100%的市政府和94.85%的县（市、区）政府的咨询建言类栏目功能可用，留言咨询成功提交后，反馈了有效可用的查询码，随时查询留言咨询的办理状态，极大方便了公众。

（二）答复时限和内容

答复时限方面，2020年是连续第二年采用模拟暗访的形式评估各级各部门政府网站互动交流平台咨询建言类栏目的答复情况。比较两年的评估结果可知（见图7-14），各评估对象政府网站互动交流平台咨询建言类栏目平均答复时间均较去年有了较大的提升，全部都少于5个工作日。其中，省直部门、单位平均提高了4.64个工作日，市政府平均提高了4.88个工作日，县（市、区）政府平均提高了4.9个工作日。

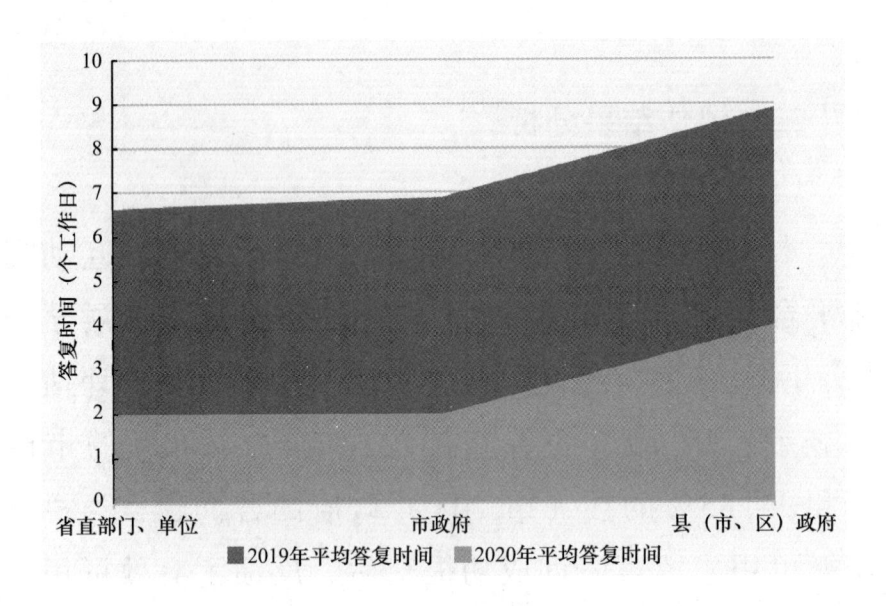

图 7-14 近两年政府网站互动交流平台平均答复时间情况

本次评估结果显示,如图 7-15 所示,省直部门、单位和市政府平均答复时间一样,平均 2 个工作日答复,省直部门、单位最快当天答复,最慢 18 个工作日答复;市政府最快当天答复,最慢 18 个工作日答复;县(市、区)平均答复时间最长,平均 4 个工作日答复,最快当天答复,最慢 43 个工作日答复。

1. 省直部门、单位

省直各部门、单位政府网站互动交流栏目咨询建言类栏目的答复时间情况如图 7-16 所示。评估结果显示,22.5% 的省直部门、单位能够在咨询留言当日给予答复;65% 的省直部门、单位能够在咨询留言后 1—5 个工作日内给予答复。基本上超过 85% 的省直部门、单位能够在 5 个工作日内答复公众的咨询留言。

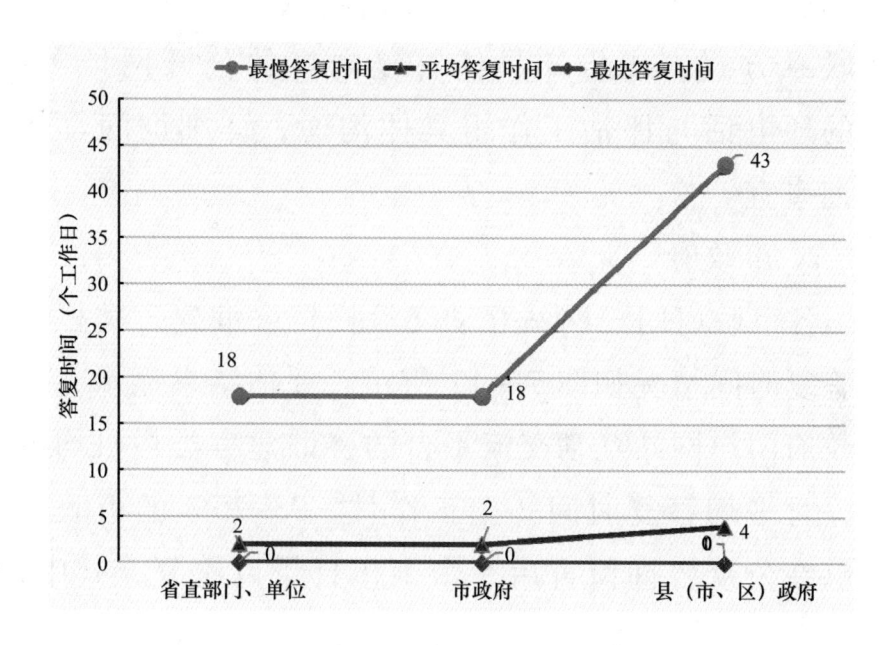

图 7-15 各评估对象政府网站互动交流栏目答复时间情况

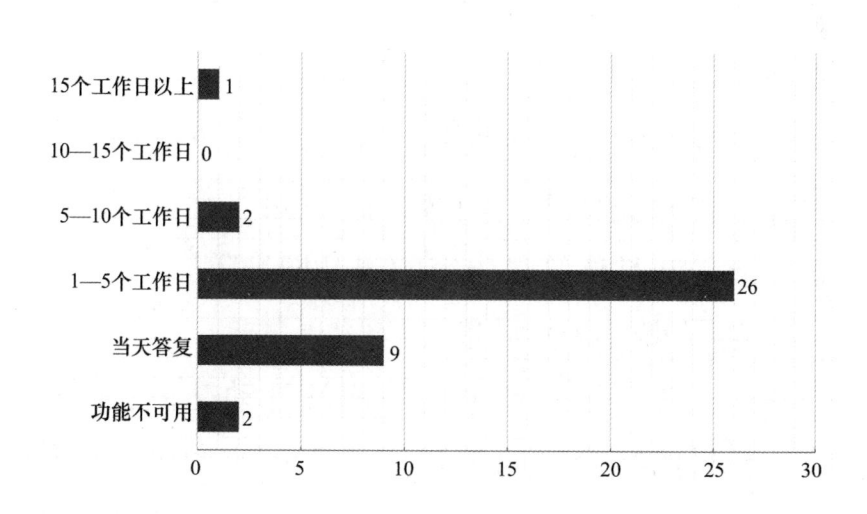

图 7-16 省直部门、单位互动交流栏目答复时间情况

答复内容方面，给予答复的省直部门、单位基本都能够详细告知具体咨询内容，或告知咨询部门的联系方式，或告知具体答复内容的公开网址等；有的还电话与评估工作组具体沟通，详细询问具体咨询事宜。

2. 市政府

各市政府门户网站互动交流栏目咨询建言类栏目的答复时间情况如图7-17所示。评估结果显示，各市政府门户网站互动交流平台的咨询建言类栏目均可用，且平均答复时间2个工作日。93.75%的市政府能够在公众咨询留言后5个工作日予以答复，其中，50%的市政府能够在咨询留言当天给予答复，43.75%的市政府能够在咨询留言后1—5个工作日内容给予答复。仅有1家市政府在咨询留言后15个工作日内未给予答复。

答复内容方面，评估结果显示，各市政府基本都能够详细告知具体咨询内容，或告知咨询部门的联系方式，或告知具体答复内容的公开网址等。

3. 县（市、区）政府

各县（市、区）政府门户网站互动交流栏目咨询建言类栏目的答复时间情况如图7-18所示。评估结果显示，77.94%的县（市、区）政府能够在公众咨询留言后5个工作日内给予答复，其中，16.91%的县

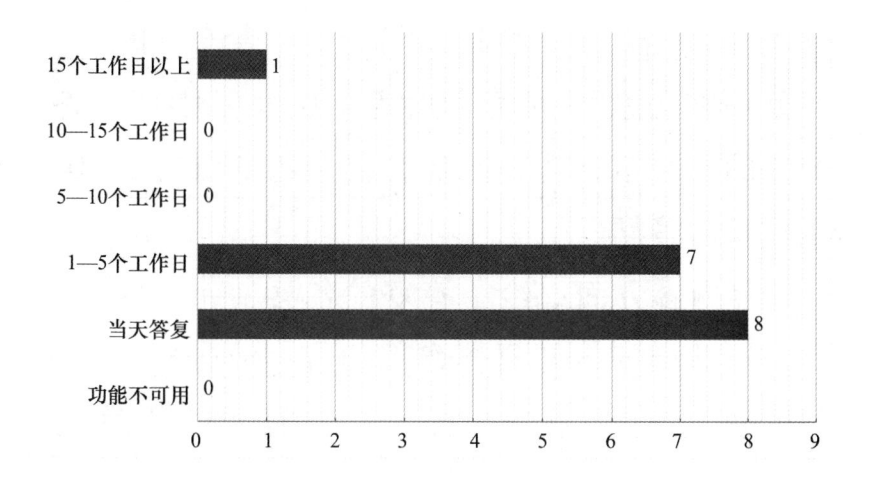

图 7-17 市政府门户网站互动交流栏目答复时间情况

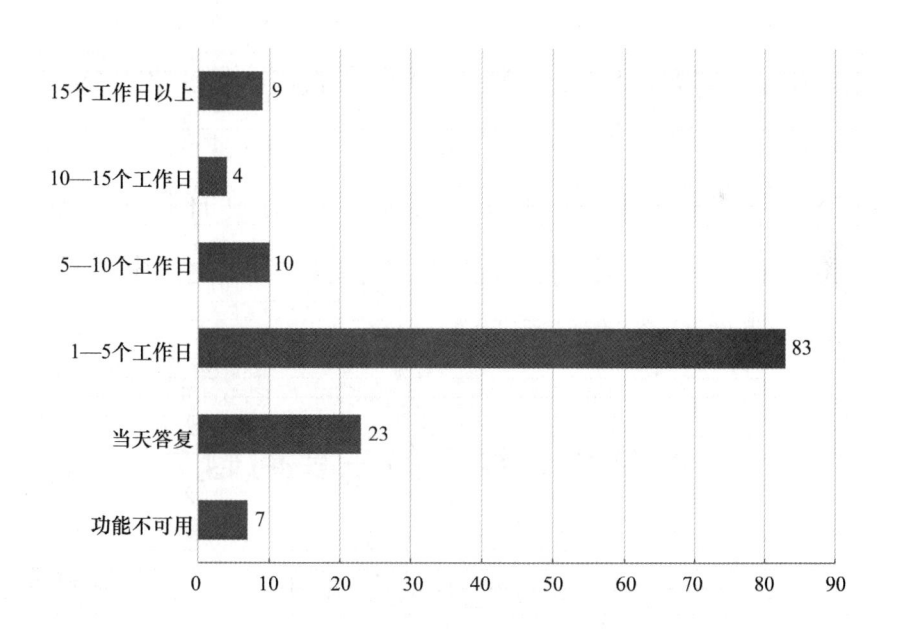

图 7-18 县（市、区）政府门户网站互动交流栏目答复时间情况

（市、区）政府能够在咨询留言当天给予答复，61.03%的县（市、区）政府能够在咨询留言后1—5

个工作日内容给予答复。另外，7.35%的县（市、区）政府在公众咨询留言后5—10个工作日内答复，2.94%的县（市、区）政府在公众咨询留言后10—15个工作日内答复。

答复内容方面，给予答复的各县（市、区）政府基本都能够详细告知具体咨询内容，或告知相关咨询部门的联系方式，或告知具体答复内容的公开网址等。

（三）答复反馈公开情况

评估结果显示，所有评估对象均能够开设留言反馈、留言选登等栏目，集中公开咨询建言的留言时间、答复时间、答复单位、答复内容等相关内容。另外，92.50%的省直部门、单位，100%的市政府和97.79%的县（市、区）政府还在互动交流栏目中公开了留言受理反馈情况统计数据。

第四节 存在的主要问题

2020年度，山东省依申请公开和互动交流工作取得了较大的进步和成效，但在新形势下，仍然存在着需要进一步完善和改进的问题，主要体现在以下几个方面。

一 渠道畅通性有待进一步提升

依申请公开,一是体现在政府网站申请平台的可用性、稳定性和兼容性方面,部分评估对象在线申请平台由于浏览器版本兼容性、必填项无法输入、验证码无法接收、受理过程查询不便等原因,无法发送在线渠道申请;二是体现在信函渠道不畅通方面,部分评估对象由于未发布政府信息公开指南、公开指南内容不明确、未提供政府信息公开申请表下载链接、申请的信函被传达室或其他部门接收等原因,无法准确接收信函申请。

互动交流方面,一是部分评估对象找不到咨询留言的入口,或是要求发送手机验证码,手机却一直收不到相关短信,或是填写完成后无法提交等;二是部分评估对象未提供咨询答复状况的实时查询功能,互动交流的咨询留言,不同于依申请公开,有的不需要在咨询留言时留下过多的个人信息,如果不能查询办理状态和结果,也就导致了互动交流答复的不可用。

二 答复的时效性还需进一步缩短

依申请公开方面,评估结果显示,5.73%的评估对象未能在规定时限内答复通过信函渠道提出的申请,

4.17%的评估对象未能在规定时限内答复通过在线渠道提出的申请。甚至个别单位在评估结束时，评估工作组通过在线形式提交的申请，在线平台查询状态仍显示"未处理"或"等待受理"。

另外，《政府信息公开条例》明确规定，申请人通过在线渠道或者政府信息公开工作机构的传真提交政府信息公开申请的，以双方确认之日为收到申请之日。但在实际暗访过程中，仅有少部分评估对象能够通过电话或发送回执的方式，与申请人确认在线渠道发送的申请，并明确申请收到之日。

互动交流方面，评估结果显示，7.5%的省直部门、单位，6.25%的市政府和11.76%的县（市、区）政府未能够在公众留言后15个工作日内给予答复，甚至个别基层政府截至评估数据采集结束也未予以答复。

三 依申请公开答复方式和内容有待进一步规范

一是部分评估对象拒绝出具政府信息公开告知书。评估工作组提交申请后，部分评估对象仅电话告知相关申请内容，当申请人要求出具政府信息告知书时，却拒绝出具，如某县（市、区）人力资源和社会保障局在接收申请时，电话告知了申请人信息查询渠道，要求其出具告知书时，无理由拒绝出具。

二是部分评估对象出现先答复后又补政府信息公开告知书的情况。评估发现，部分评估对象接收到政府信息公开申请后，在较短的时间内，直接采用电子邮箱形式答复相关申请内容，而后过一段时间，又发送了政府信息公开告知书，出具政府信息公开告知书的时间已经超出了规定时间。

三是部分评估对象答复的电子邮件无任何信息标注。评估过程中，部分评估对象在按照申请人要求，采用电子邮件答复时，邮箱采用个人电子邮箱，且标题和正文均未标注具体的答复机关，如某县政府部门答复的电子邮件标题和附件标题均为"政府信息公开告知书"，且正文无任何内容。

四是部分评估对象所出具的政府信息公开告知书不规范。评估发现，部分评估对象所出具的政府信息公开告知书中仍然存在低级的文字错误、法律依据错误、救济渠道缺失或不完整等问题。

四 互动交流栏目的咨询留言管理有待进一步规范

评估发现，部分评估对象还存在篡改答复时间的情况，如评估工作组在某县政府咨询建言栏目发布了咨询内容，截至 15 个工作日，按照所给的查询码查询，一直显示"未处理"的状态，但时隔一个月后，评估工作组再次登录时，发现已经答复，且答复时间显示为留言后的 5 个工作日内。

第五节　下一步改进工作的建议

根据当前政务公开工作的新形势、新任务、新要求，建议各评估对象从以下几个方面，进一步改进和完善本行政机关的依申请公开和互动交流工作。

一　规范依申请公开工作流程，健全定期分析机制

要进一步规范依申请公开工作。指导各级各部门进一步完善依申请公开工作办理机制，加强部门会商协作，规范协查工作，依法依规及时准确予以答复反馈。建立健全政府信息管理动态调整机制、依申请公开定期分析机制以及依申请公开向主动公开的转化机制，行政机关对不予公开的政府信息进行定期评估审查，对因情势变化可以公开的政府信息应当公开，多个申请人就相同政府信息向同一行政机关提出公开申请，且该政府信息属于可以公开的，行政机关可以纳入主动公开的范围，不断拓展公开的内容和范围。

二　强化政府信息管理，发布依申请公开文件目录

全链路加强政府信息管理，加强政府信息日常管理，建立完善政府信息制作、获取、保存、处理等方面的制度，对政府信息进行全生命周期的规范管理。进一步加强行政法规、规章、规范性文件等重点政府信息公开，便于公众查询获取。加强信息化手段在政府信息管理领域的运用，运用新技术手段不断降低政府信息管理成本、提高管理效率。健全政务公开"全清单"制度，建议各行政机关定期发布本机关依申请公开文件目录，告知所有依申请公开属性政策文件的标题、文号、索引号、关键字等信息，方便指导公众或企业精确定位所申请的具体政府信息。

三 加大日常监督检查力度，实时反馈留言办理数据统计

建立网民意见建议的审看、处理和反馈等机制，实现网民意见建议的集中受理、分别办理、统一反馈、全程监管。对上级政府门户网站转办和本级政府门户网站收集到的网民意见建议，有关单位要认真研究、快速办理、及时反馈，避免出现敷衍推诿、答非所问等现象。强化政府网站互动交流栏目的日常监督检查工作，各单位答复办理情况定期在政府网站互动交流栏目醒目位置进行公示。各级政府办公厅（室）也要进一步加大对回复工作的跟踪督办力度，对督查过程中发现的办理不及时、办理结果不明确、办理质量不

高、办理结果群众不满意等情况，要对承办单位进行通报批评，并责令重新办理，造成不良影响的，严肃追究有关人员的责任。

四 深化信息技术应用，实现互动交流数据汇聚和处理

深入推进政府网站集约化建设，搭建统一的互动交流平台，集中听取民意、了解民愿、汇聚民智、回应民声。政府网站的信息发布、解读回应和办事服务类栏目通过统一的互动交流平台提供留言评论等功能，实现数据汇聚、统一处理。要定期整理网民咨询及答复内容，按照主题、关注度等进行分类汇总和结构化处理，编制形成知识库，实行动态更新，在网民提出类似咨询时，推送可供参考的答复口径。加快建设统一的政府网站互动交流平台和即时智能问答系统，实现互动交流"一网通答"。加强办事服务信息与文件资料库、互动交流内容、答问知识库等信息资源的有机关联。

附录一 山东省政务公开发展水平研究（2020）评估对象

一 省直部门、单位（40家）

山东省发展改革委员会

山东省教育厅

山东省科学技术厅

山东省工业和信息化厅

山东省民族宗教委员会

山东省公安厅

山东省民政厅

山东省司法厅

山东省财政厅

山东省人力资源和社会保障厅

山东省自然资源厅

山东省生态环境厅

山东省住房和城乡建设厅

山东省交通运输厅

山东省水利厅

山东省农业农村厅

山东省商务厅

山东省文化和旅游厅

山东省卫生健康委员会

山东省退役军人事务厅

山东省应急管理厅

山东省审计厅

山东省人民政府外事办公室

山东省人民政府国有资产监督管理委员会

山东省市场监督管理局

山东省广播电视局

山东省体育局

山东省统计局

山东省医疗保障局

山东省机关事务管理局

山东省人民防空办公室

山东省地方金融监管局

山东省大数据局

山东省信访局

山东省能源局

山东省粮食和物资储备局

山东省监狱管理局

山东省海洋局

山东省畜牧兽医局

山东省药品监督管理局

二 市政府（16家）

济南市

青岛市

淄博市

枣庄市

东营市

烟台市

潍坊市

济宁市

泰安市

威海市

日照市

滨州市

德州市

聊城市

临沂市

菏泽市

三 县（市、区）政府（136家）

济南市历下区

济南市市中区

济南市槐荫区

济南市天桥区

济南市历城区

济南市长清区

济南市章丘区

济南市济阳区

济南市莱芜区

济南市钢城区

济南市平阴县

济南市商河县

青岛市市南区

青岛市市北区

青岛市李沧区

青岛市崂山区

青岛市西海岸新区

青岛市城阳区

青岛市即墨区

青岛市胶州市

青岛市平度市

青岛市莱西市

淄博市淄川区

淄博市张店区

淄博市博山区

淄博市临淄区

淄博市周村区

淄博市桓台县

淄博市高青县

淄博市沂源县

枣庄市市中区

枣庄市薛城区

枣庄市峄城区

枣庄市台儿庄区

枣庄市山亭区

枣庄市滕州市

东营市东营区

东营市河口区

东营市垦利区

东营市利津县

东营市广饶县

烟台市芝罘区

烟台市福山区

烟台市牟平区

烟台市莱山区

烟台市龙口市

烟台市莱阳市

烟台市莱州市

烟台市蓬莱区

烟台市招远市

烟台市栖霞市

烟台市海阳市

潍坊市潍城区

潍坊市寒亭区

潍坊市坊子区

潍坊市奎文区

潍坊市青州市

潍坊市诸城市

潍坊市寿光市

潍坊市安丘市

潍坊市高密市

潍坊市昌邑市

潍坊市临朐县

潍坊市昌乐县

济宁市任城区

济宁市兖州区

济宁市曲阜市

济宁市邹城市

济宁市微山县

济宁市鱼台县

济宁市金乡县

济宁市嘉祥县

济宁市汶上县

济宁市泗水县

济宁市梁山县

泰安市泰山区

泰安市岱岳区

泰安市新泰市

泰安市肥城市

泰安市宁阳县

泰安市东平县

威海市环翠区

威海市文登区

威海市荣成市

威海市乳山市

日照市东港区

日照市岚山区

日照市五莲县

日照市莒县

临沂市兰山区

临沂市罗庄区

临沂市河东区

临沂市沂南县

临沂市郯城县

临沂市沂水县

临沂市兰陵县

临沂市费县

临沂市平邑县

临沂市莒南县

临沂市蒙阴县

临沂市临沭县

德州市德城区

德州市陵城区

德州市乐陵市

德州市禹城市

德州市宁津县

德州市庆云县

德州市临邑县

德州市齐河县

德州市平原县

德州市夏津县

德州市武城县

聊城市东昌府区

聊城市临清市

聊城市阳谷县

聊城市莘县

聊城市茌平区

聊城市东阿县

聊城市冠县

聊城市高唐县

滨州市滨城区

滨州市沾化区

滨州市惠民县

滨州市阳信县

滨州市无棣县

滨州市博兴县

滨州市邹平市

菏泽市牡丹区

菏泽市定陶区
菏泽市曹县
菏泽市单县
菏泽市成武县
菏泽市巨野县
菏泽市郓城县
菏泽市鄄城县
菏泽市东明县

附录二 山东省政务公开发展水平研究（2020）指标体系

一 省直部门、单位评估指标

（一）行政权力运行公开

二级指标	三级指标	四级指标	评估对象
决策公开	重大决策预公开	决策事项目录、标准	省司法厅
		决策意见征集	所有部门
		结果反馈情况	所有部门
	会议公开	部门办公会会议议题公开和邀请利益相关方等列席情况	所有部门
		议定事项公开和解读情况	所有部门
	政策文件	栏目建设情况	所有部门
		政策文件的分类或高级查询	所有部门
		规范性文件备案目录	省司法厅
		规范性文件清理结果	所有部门

续表

二级指标	三级指标	四级指标	评估对象
管理和服务公开	权责清单	是否公开本部门权责清单	除省外办、省国资委、省信访局、省监狱局外
		是否根据法律法规立改废释情况、机构和职能调整情况等及时调整	
	职责边界清单	是否公布本部门职责边界清单	除省审计厅外
	"双随机、一公开"监管	随机抽查事项清单	省发展改革委、省教育厅、省公安厅、省人力资源和社会保障厅、省生态环境厅、省住房和城乡建设厅、省交通运输厅、省农业农村厅、省商务厅、省文化和旅游厅、省卫生健康委、省应急厅、省市场监管局、省统计局
		抽查计划	
		抽查结果	
	行政执法公示	统一的执法信息公示平台建设和利用情况	除省外办、省国资委、省信访局、省大数据局、省监狱局外
		行政执法职责、执法依据、执法程序、监督途径等信息	
		本机关的服务指南、执法流程图	
		执法事项名称、受理机构、审批机构、受理条件、办理时限等内容	
		执法机关、执法对象、执法类别、执法结论等执法结果信息	
		本机关上年度行政执法总体情况有关数据	

续表

二级指标	三级指标	四级指标	评估对象
	减税降费	行政事业性收费目录	省财政厅
		政府定价或指导价经营服务性收费清单	省发展改革委
		政府性基金目录	省财政厅
	优化服务	证明事项实施清单	除省发展改革委、省外办、省国资委、省信访局、省医保局、省机关事务局、省大数据局、省能源局、省监狱局外
		政务服务"好差评"	除省审计厅、省监狱局外
		办事指南	除省审计厅、省国资委、省信访局、省监狱局外
执行和结果公开	重要部署执行公开	政府工作报告、年度重点工作、民生实事项目等重大决策部署执行情况	所有部门
	重点任务公开承诺	承诺事项公开	除省信访局、省能源局、省粮食和储备局、省监狱局、省海洋局、省畜牧局、省药监局外
		执行落实情况	
	审计与后评估	本级预算执行审计报告和其他财政收支情况	省审计厅
		本级预算执行和其他财政收支审计查出问题整改情况的报告	
		执行效果评估	所有部门
	建议提案办理结果	专门栏目或目录建设情况	所有部门
		办理结果复文和办理总体情况公开	所有部门

（二）重点领域信息公开

二级指标	三级指标	四级指标	评估对象
财政信息	财政预决算	专栏设置	所有部门
		预决算说明	
		预决算表格	
		"三公"经费预决算	
		重点项目项目文本、绩效目标和绩效评价结果	
	其他财政信息	月度财政收支信息	省财政厅
		政府债务信息	
重大建设项目和公共资源配置	重大建设项目批准和实施	重大建设项目范围或发布重大建设项目清单	省发展改革委、省工业和信息化厅、省住房和城乡建设厅、省自然资源厅、省交通运输厅、省水利厅、省生态环境厅
		批准服务信息	
		项目实施信息	
	公共资源配置	城镇保障性安居工程、农村危房改造和棚户区改造相关政策措施执行情况信息	省住房和城乡建设厅
		发布并解读住房公积金年度报告，并按季度发布公积金管理运行信息	
		政府集中采购项目目录、标准和实施情况	省财政厅
		公共资源交易公告、资格审查结果、交易过程信息、成交信息、履约信息以及有关变更信息	所有部门

续表

二级指标	三级指标	四级指标	评估对象
重点民生与公益事业	社会救助	城乡低保、特困人员救助供养、医疗救助、临时救助的救助标准	省生态环境厅
		城乡低保、特困人员救助供养、医疗救助、临时救助的申报指南	省民政厅、省医保局
		城乡低保、特困人员救助供养、医疗救助、临时救助的救助人次数、资金支出情况等基本数据	
	社会福利	基本养老公共服务清单、养老服务支持政策清单和老年人补贴发放政策	省民政厅
		残疾人福利补贴对象认定条件、申领范围、补贴标准、申请审批程序和补贴发放情况	
		孤儿、事实无人抚养儿童、重点困境儿童等儿童福利补贴对象认定条件、申领范围、补贴标准、申请审批程序和补贴发放情况	
	社会保险	现行有效的社会保险法规、制度、政策、标准、经办流程	省人力资源和社会保障厅
		参保人数、待遇支付、基金收支情况	
		发布医保定点医院、药店及药品、诊疗项目目录等	省医保局
		山东省内异地就医联网结算医疗机构名单	

续表

二级指标	三级指标	四级指标	评估对象
	教育	公开并解读教育相关政策措施	省教育厅
		公开教育相关发展规划、专项经费投入、分配和使用、困难学生资助实施情况	
		省属高校信息公开	
	环境保护	空气质量状况	省生态环境厅
		饮水安全状况	省生态环境厅、省卫生健康委、省住房和城乡建设厅
		突发公共卫生事件	省生态环境厅
	医疗卫生	法定传染病疫情	省医保局
		突发公共卫生事件	省卫生健康委
		省属医疗机构院务公开	
公共监管	国资国企	省管企业信息披露	省国资委
		履行社会责任重点工作情况	
		省属国有企业信息公开	
	市场监管	产品质量监督抽查结果	省市场监管局
		食品安全抽检信息	
		药品安全抽检信息	省药监局
	应急管理	安全生产监管执法和事故信息	省应急厅
		应急预案信息	
		防灾减灾、预警预报及灾害救助信息	

（三）依申请公开

二级指标	三级指标	四级指标	评估对象
渠道畅通性	提交申请	在线渠道畅通性	所有部门
		信函渠道畅通性	
依法答复	在线渠道/信函渠道	答复时限	
		形式规范性	
		内容规范性	

（四）政策解读与回应关切

二级指标	三级指标	四级指标	评估对象
政策解读	解读文件	解读材料发布	所有部门
		政策文件与解读材料关联性	
	解读情况	解读比例	
		解读内容	
		解读形式	
回应关切	舆情回应	舆情线索办理情况	
		政务舆情回应情况	
	互动交流	平台功能建设	
		反馈信息公开	
	办理答复	答复时效	
		答复内容	

（五）政务公开保障机制

二级指标	三级指标	四级指标	评估对象
平台建设	政府网站	建设管理	所有部门
		站内检索功能	
		无障碍浏览	
	政务新媒体	建设管理	
		内容发布	
基础建设	政府信息公开专栏	专栏建设规范性情况	
	主动公开基本目录	编制情况	
		目录内容	
组织管理	组织领导	明确政务公开分管领导	
		机构设置情况	
	业务培训	培训计划	
		培训开展情况	
	工作推进	年度政务公开工作实施方案或工作安排	

二　市政府

（一）行政权力运行公开

二级指标	三级指标	四级指标
决策公开	重大决策预公开	年度重大决策事项目录、标准
		决策意见征集
		结果反馈情况
	会议公开	政府常务会议题公开和邀请利益相关方等列席情况
		议定事项公开和解读情况
	政策文件	栏目建设情况
		政策文件的分类或高级查询
		规范性文件备案目录
		规范性文件清理结果
管理和服务公开	权责清单	是否公开本级政府部门权责清单
		是否根据法律法规立改废释情况、机构和职能调整情况等及时调整
	职责边界清单	是否公布本级政府部门职责边界清单
	"双随机、一公开"监管	随机抽查事项清单
		抽查计划
		抽查结果
	行政执法公示	统一的执法信息公示平台建设和利用情况
		行政执法职责、执法依据、执法程序、监督途径等信息
		本机关的服务指南、执法流程图
		执法事项名称、受理机构、审批机构、受理条件、办理时限等内容
		执法机关、执法对象、执法类别、执法结论等执法结果信息
		本机关上年度行政执法总体情况有关数据

续表

二级指标	三级指标	四级指标
	减税降费	行政事业性收费目录
		政府定价或指导价经营服务性收费清单
		政府性基金目录
	优化服务	本级证明事项实施清单
		市级行政许可等事项划转清单
		政务服务"好差评"
		办事指南
执行和结果公开	重要部署执行公开	政府工作报告、年度重点工作、民生实事项目等重大决策部署执行情况
	重点任务公开承诺	承诺事项公开
		执行落实情况
	审计与后评估	本级预算执行审计报告和其他财政收支情况
		本级预算执行和其他财政收支审计查出问题整改情况的报告
		执行效果评估
	建议提案办理结果	专门栏目或目录建设情况
		办理结果复文和办理总体情况公开

（二）重点领域信息公开

二级指标	三级指标	四级指标
财政信息	财政预决算	专栏设置
		预决算说明
		预决算表格
		"三公"经费预决算
		重点项目项目文本、绩效目标和绩效评价结果
	其他财政信息	月度财政收支信息
		政府债务信息

续表

二级指标	三级指标	四级指标
重大建设项目和公共资源配置	重大建设项目批准和实施	重大建设项目范围或发布重大建设项目清单
		批准服务信息
		项目实施信息
	公共资源配置	城镇保障性安居工程、农村危房改造和棚户区改造相关政策措施执行情况信息
		发布并解读住房公积金年度报告,并按季度发布公积金管理运行信息
		政府集中采购项目目录、标准和实施情况
		公共资源交易公告、资格审查结果、交易过程信息、成交信息、履约信息以及有关变更信息
重点民生与公益事业	社会救助	城乡低保、特困人员救助供养、医疗救助、临时救助的救助标准
		城乡低保、特困人员救助供养、医疗救助、临时救助的申报指南
		城乡低保、特困人员救助供养、医疗救助、临时救助的救助人次数、资金支出情况等基本数据
	社会福利	基本养老公共服务清单、养老服务支持政策清单和老年人补贴发放政策
		残疾人福利补贴对象认定条件、申领范围、补贴标准、申请审批程序和补贴发放情况
		孤儿、事实无人抚养儿童、重点困境儿童等儿童福利补贴对象认定条件、申领范围、补贴标准、申请审批程序和补贴发放情况
	社会保险	参保人数、待遇支付、基金收支情况
		发布医保定点医院、药店及药品、诊疗项目目录等
		公开本市异地就医联网结算医疗机构名单
	教育	本地区职业教育学校名录
		本市民办教育管理相关政策文件和民办学校名单

续表

二级指标	三级指标	四级指标
公共监管	环境保护	空气质量状况
		饮水安全状况
		企业事业单位环境信息
		公共突发环境事件
	医疗卫生	医疗服务信息
		市属医疗机构院务公开
	公用事业单位信息公开	基本信息
		公共服务
		收费信息
		咨询监督
	国资国企	市管企业信息披露
		履行社会责任重点工作情况
	市场监管	产品质量监督抽查结果
		食品安全抽检信息
	应急管理	安全生产监管执法和事故信息
		应急预案信息

（三）依申请公开

二级指标	三级指标	四级指标
渠道畅通性	提交申请	在线渠道畅通性
		信函渠道畅通性
依法答复	在线渠道/信函渠道	答复时限
		形式规范性
		内容规范性

（四）政策解读与回应关切

二级指标	三级指标	四级指标
政策解读	解读文件	解读文件发布
		政策文件与解读材料关联性
	解读情况	解读比例
		解读内容
		解读形式
回应关切	舆情回应	舆情线索办理情况
		政务舆情回应情况
	互动交流	平台功能建设
		反馈信息公开
	办理答复	答复时效
		答复内容

（五）政务公开保障机制

二级指标	三级指标	四级指标
平台建设	政府网站	建设管理
		站内检索功能
		无障碍浏览
	政务新媒体	建设管理
		内容发布
	政府公报	可获取性
		发布时效
		发布内容
		数字化情况

续表

二级指标	三级指标	四级指标
基础建设	政府信息公开专栏	专栏建设规范性情况
	主动公开基本目录	编制情况
		目录内容
组织管理	组织领导	明确政务公开分管领导
		机构设置情况
	业务培训	培训计划
		培训开展情况
	工作推进	年度政务公开工作实施方案或工作安排

三 县（市、区）政府

（一）行政权力运行公开

二级指标	三级指标	四级指标
决策公开	重大决策预公开	年度重大决策事项目录、标准
		决策意见征集
		结果反馈情况
	会议公开	政府常务会议题公开和邀请利益相关方等列席情况
		议定事项公开和解读情况
	政策文件	栏目建设情况
		政策文件的分类或高级查询
		规范性文件备案目录
		规范性文件清理结果

续表

二级指标	三级指标	四级指标
管理和服务公开	权责清单	是否公开本级政府部门权责清单
		是否根据法律法规立改废释情况、机构和职能调整情况等及时调整
	职责边界清单	是否公布本级政府部门职责边界清单
	"双随机、一公开"监管	随机抽查事项清单
		抽查计划
		抽查结果
	行政执法公示	统一的执法信息公示平台建设和利用情况
		行政执法职责、执法依据、执法程序、监督途径等信息
		本机关的服务指南、执法流程图
		执法事项名称、受理机构、审批机构、受理条件、办理时限等内容
		执法机关、执法对象、执法类别、执法结论等执法结果信息
		本机关上年度行政执法总体情况有关数据
	减税降费	行政事业性收费目录
		政府定价或指导价经营服务性收费清单
		政府性基金目录
	优化服务	本级证明事项实施清单
		县级行政许可等事项划转清单
		政务服务"好差评"
		办事指南
执行和结果公开	重要部署执行公开	政府工作报告、年度重点工作、民生实事项目等重大决策部署执行情况
	审计与后评估	本级预算执行审计报告和其他财政收支情况
		本级预算执行和其他财政收支审计查出问题整改情况的报告
		执行效果评估
	建议提案办理结果	专门栏目或目录建设情况
		办理结果复文和办理总体情况公开

（二）重点领域信息公开

二级指标	三级指标	四级指标
财政信息	财政预决算	专栏设置
		预决算说明
		预决算表格
		"三公"经费预决算
		重点项目项目文本、绩效目标和绩效评价结果
	其他财政信息	月度财政收支信息
		政府债务信息
重大建设项目和公共资源配置	重大建设项目批准和实施	重大建设项目范围或发布重大建设项目清单
		批准服务信息
		项目实施信息
	公共资源配置	城镇保障性安居工程、农村危房改造和棚户区改造相关政策措施执行情况信息
		保障性住房分配政策、分配对象、分配房源、分配程序、分配过程、分配结果等信息
		政府集中采购项目目录、标准和实施情况
		公共资源交易公告、资格审查结果、交易过程信息、成交信息、履约信息以及有关变更信息
重点民生与公益事业	社会救助	城乡低保、特困人员救助供养、医疗救助、临时救助的救助标准
		城乡低保、特困人员救助供养、医疗救助、临时救助的申报指南
		城乡低保、特困人员救助供养、医疗救助、临时救助的救助人次数、资金支出情况等基本数据

续表

二级指标	三级指标	四级指标
	社会福利	基本养老公共服务清单、养老服务支持政策清单和老年人补贴发放政策
		残疾人福利补贴对象认定条件、申领范围、补贴标准、申请审批程序和补贴发放情况
		孤儿、事实无人抚养儿童、重点困境儿童等儿童福利补贴对象认定条件、申领范围、补贴标准、申请审批程序和补贴发放情况
	教育	学前教育
		义务教育招生入学信息
		县属中小学信息公开
	环境保护	空气质量状况
		饮水安全状况
	医疗卫生	医疗服务信息
		县属医疗机构院务公开
公共监管	国资国企	市管企业信息披露
		履行社会责任重点工作情况
	市场监管	产品质量监督抽查结果
		食品安全抽检信息
	应急管理	安全生产监管执法和事故信息
		应急预案信息

（三）依申请公开

二级指标	三级指标	四级指标
渠道畅通性	提交申请	在线渠道畅通性
		信函渠道畅通性
依法答复	在线渠道/信函渠道	答复时限
		形式规范性
		内容规范性

（四）政策解读与回应关切

二级指标	三级指标	四级指标
政策解读	解读文件	解读文件发布
		政策文件与解读材料关联性
	解读情况	解读比例
		解读内容
		解读形式
回应关切	互动交流	平台功能建设
		反馈信息公开
	办理答复	答复时效
		答复内容

（五）政务公开保障机制

二级指标	三级指标	四级指标
平台建设	政府网站	建设管理
		站内检索功能
		无障碍浏览
	政务新媒体	建设管理
		内容发布
	政府公报	可获取性
		发布时效
		发布内容
		数字化情况
基础建设	政府信息公开专栏	专栏建设规范性情况
	主动公开基本目录	编制情况
		目录内容
	基层政务公开标准化规范化推进情况	标准目录完成情况
		标准目录规范性
组织管理	组织领导	明确政务公开分管领导
		机构设置情况
	业务培训	培训计划
		培训开展情况
	工作推进	年度政务公开工作实施方案或工作安排

参考文献

周鸣乐、戚元华、李刚、李敏:《山东省政务公开发展水平研究报告（2019）》，社会科学文献出版社2020年版。

李刚、周鸣乐、戚元华:《政府网站建设与绩效评估——以山东省为例》，中国社会科学出版社2019年版。

李刚、李旺、戚元华、周鸣乐:《山东省政务公开发展水平研究报告（2018）》，中国社会科学出版社2019年版。

田禾、吕艳滨主编:《中国政府透明度（2020）》，中国社会科学出版社2020年版。

田禾、吕艳滨主编:《中国政府透明度（2019）》，中国社会科学出版社2019年版。

陈甦、田禾主编:《中国法治发展报告 No.18（2020）》，社会科学文献出版社2020年版。

陈甦、田禾主编：《中国法治发展报告 No. 17（2019）》，社会科学文献出版社2019年版。

卢建华：《我国重大行政决策制度存在的问题及其完善》，《时代法学》2016年第2期。

魏如清：《基层政务公开标准化建设路线与标准体系：基于试点实践的研究》，《标准科学》2020年第3期。

白清礼：《政府网站政务公开与政府信息公开关系及成因》，《档案管理》2013年第2期。

张新民：《对政府信息公开目录建设中若干问题的思考》，《电子政务》2008年第8期。

泉政：《正确把握政务公开与政务服务的关系——〈关于深化政务公开加强政务服务的意见〉解读之一》，《中国监察》2011年第22期。

后向东：《政务公开中两个清单的编制与运用》，《行政管理改革》2018年第11期。

肖卫兵、包思卓、张文帅：《论政务公开事项标准化目录编制》，《电子政务》2019年第5期。

后 记

新冠肺炎疫情肆虐全球,世界经济遭受严重冲击。2020年对于中国人来说注定是不平凡的一年,中国取得了举世瞩目的"战疫"成果,经济稳步复苏,成为全球唯一实现正增长的主要经济体。面对新的疫情形势变化,政务公开工作在常态化疫情防控阶段会继续发挥重要的作用。

党的十八大以来,党中央、国务院高度重视政务公开工作,赋予了其新的历史定位。习近平总书记强调,政务公开是建设法治政府的一项重要制度,要以制度安排把政务公开贯穿到政务运行的全过程,权力运行到哪里,公开和监督就延伸到哪里。李克强总理指出,政务公开是推进政府职能转变的关键,要加大政策发布解读力度,积极回应社会关切。山东省委、省政府把政务公开作为密切联系群众、建设服务型政府的重要内容,摆到了突出位置。刘家义书记多次强调，涉及重大改革事项与群众利益息息相关的重要议题，都要向社会广泛征求意见，做好公开工作，让群众知晓，让群众参与，并亲自谋划打造了"问政山东"栏目。李干杰省长到山东以后亲自出席新闻发布会，明确指出，正面舆情是鼓励、是鞭策，负面舆情是监督、是促进，有利于发现不足、改进工作，并强调要做到公开透明。

本次评估工作主要围绕省委、省政府中心工作，以全面提升政务公开质量和实效，促进法治政府、创新政府、廉洁政府和服务型政府建设为目标，紧扣2020年政务公开重点工作部署，也是齐鲁工业大学（山东省科学院）政务公开评估工作组连续第6年开展山东省政务公开第三方评估工作。另外，在此基础上，选取了政府信息公开平台规范性建设、基层政务公开标准化规范化、依申公开与互动交流等三个年度重点工作和问题难点，开展了专题研究，并形成了专题报告，分析了各项工作存在的主要问题，提出了具有建设性的意见和建议，为下一步政务公开工作提供了决策的依据和参考。

2020年是全面建成小康社会和"十三五"规划收官之年，也是山东省新旧动能转换"三年初见成效"之年，在省委经济工作会议上，省委将2020年定为"重点工作攻坚年"，同时也是山东省全面推进政务公开工作的关键一年。2021年是"十四五"开局之年，全省政务公开工作任务更加繁重，推进政务公开工作已经成为提升治理体系和治理能力现代化、优化营商环境的重要举措，值此之际，评估工作组推出了第二卷《山东省政务公开发展水平研究（2020）》。在此，向所有参与和支持《山东省政务公开发展水平研究（2020）》的同志致以诚挚的感谢！今后，评估工作组将继续坚持不断研究、思考、总结，为山东省政务公开的发展贡献一份微薄的力量。衷心欢迎各界朋友对本报告提出宝贵的意见和建议，以便进一步做好政务公开发展水平研究工作，不断推进山东省政务公开工作向纵深发展！

作者
2021年5月